読む解く学ぶ　日本近世史

全体史へ《山口啓二の仕事》

Learning from the Work of Post-War Historian

Yamaguchi Keiji

読む解く学ぶ　日本近世史

全体史へ〈山口啓二の仕事〉

目次

Ⅲ部 山口啓二に学ぶ 121

凡例

1 『山口啓二著作集』第一巻～第五巻（校倉書房、二〇〇八～〇九年）は、『著作集』①～⑤と略記した。

2 しばしば引用される『大日本古記録　梅津政景日記』一～九巻（岩波書店、一九五三～六六年）の表記は、『日記』○巻、頁、または日記における年月日を〔年月日〕で略記した。

3 参考文献は、原則として巻末に一括で記載し、本文中は［著者名　発行年］の形で略記した。

＊「Ⅰ部　山口啓二を読む」の凡例は、一〇ページを参照。

序章　全体史へ——山口啓二の仕事

吉田伸之

1　本書のコンセプト

日本列島の歴史を調べ叙述する営みは、これまで多くの歴史学研究者が取り組み、豊かな果実をもたらしてきました。過去の社会を彩った歴史は、権力をもつごく一部の人びとや、有名人たちの手だけによってつくられたものではありません。いつの時代においても、誠実に働き暮すふつうの人びと一人一人こそが、生産や労働、また文化の担い手だったのであり、つまりふつうの民衆こそが、本来の意味で歴史の主人公だったはずです。しかし、この日本列島で、過去を生きたふつうの人びとの歴史を、ていねいに、またきちんと調べ、その全体像を本格的に研究し叙述し始めたのは、二〇世紀のなかば近くからのことで、まだ七〇年余りしかたっていません。それはちょうど、一九四七年に制定された現行憲法の歩みとほぼ同じです。長期にわたったアジア・太平洋戦争で、天皇を頂点とする軍国主義日本は、近隣諸国に侵略し多大な犠牲と損害を与え、また、国内の市民を戦争体制に巻き込んでは多くの犠牲を強い、国土に著しい荒廃をもたらしました。現行の憲法は、こうした点への深い反省に立って、戦争の放棄と国民主権を掲げ、そのなかで学問の自由を保障しました。歴史学の研究が、ふつうの人びとやその社会のありようを調べる方向へと向かったことは、平和憲法の施行と相互に深く関係しています。

本書は、一九四〇年代後半、すなわちアジア・太平洋戦争直後から、民衆の立場に立とうとする新たな歴史学を創り上げた数多くの研究者のなかから、その一人である近世史研究者の山口啓二《やまぐちけいじ》を取り上げてみます。そして、山口が一九五八～五九年にあいついで発表した二つの論文を取り上げ、これらに改めて深く学びながら、過去の歴史、なかでも日本近世史を学ぶことの意味を考え、またそこに見られる歴史学研究の方法や、その背後にある問題意識、さらには歴史理論について見てゆこうと試みます。

本書は、導入部分であるこの序章と、三つの部から構成されています。Ⅰ部では、収録する山口啓二の論文二本を、少していねいに読んでみます。これらは、いずれも専門的な学術論文として発表されたもので、またほぼ六〇年余り前に発表されたものなので、歴史学を学び始めたばかりの読者にはちょっと難しく、取りつきにくいかもしれません。そこで本書では、論文の元のかたちはそのままにして、そこで用いられている学術的な用語の意味を解説し、また論文の中に引用されている史料について、読み下し・現代語訳をそえ、細かい説明を加えて、読解を容易にしようと工夫しています。

つぎにⅡ部では、山口啓二がこれら二つの論文を作成するうえで、いずれもその研究の基礎とした歴史資料である『梅《うめ》津《づ》政景《まさかげ》日記』を取り上げ、そこから二つの記事を紹介し、編者二名が、それぞれについての読み解きと、そこから読み取れることの解説を試みています。こうして、山口が論文を書くに際して、素材となる史料にどのように向き合い、精読し、分析し、そこから論点を見出していったのかを、少し追体験してみようと思います。

また最後のⅢ部では、本書の編者二名が、Ⅰ部に収録した二つの論文を踏まえながら、今、そこから何を学ぶことができるか、新たに取り組むべき課題は何か、について検討してゆきます。

2　山口啓二略歴

山口啓二（一九二〇～二〇一三）は東京で生まれ、青少年期の大半をアジア・太平洋戦争の時代にすごしました。そして、日本の敗戦前後から、歴史学研究者としての道を歩み始め、戦後いち早く自由と民主主義を掲げる歴史学研究の大きな流れ――「戦後歴史学」などと呼ばれます――に加わり、優れた研究成果をつぎつぎと積み重ねてゆきました。

　山口啓二は、山口政二《まさじ》（一八八七～一九二七）と絢子《あやこ》（一八九八～一九八七）の二男として、東京市本郷区千駄木《せんだぎ》（現、東京都文京区）で生まれました。父政二は埼玉県比企《ひき》郡小見野《おみの》村（現、川島町《かわじままち》）の出身で、第一高等学校（一高）・東京帝国大学法学部をへて、朝鮮総督府に勤務しました。その後、弁護士を営み、社会改良運動、廃娼《はいしょう》運動などにも関与します。そして普通選挙施行直前の第一五回衆議院総選挙（一九二四年）で埼玉三区から立候補し当選します。当時の国会では、まだごく少数であったリベラルな無所属議員として活動し、治安維持法《ちあんいじほう》反対や婦人参政権運動、労働運動や小作《こさく》争議の支援など、民主主義を守り、弱者のために活動し、闘いました。しかし激務のためもあって、一九二七年二月に国会内で倒れ急逝してしまいます。このため、当時六才であった啓二は、母や兄洋一《よういち》・姉多枝子《たえこ》とともに母方の祖父斎藤阿具《あぐ》に引き取られました。父政二は、「小さい者、貧しい者、弱い者、病める者と共にありたい」「（聞き書き――山口啓二の人と学問」『著作集』⑤六二頁。以下、「聞き書き」と略語）という生き方を貫いた人物であり、啓二の生涯に大きな影響を与え続けました。

　父にかわって啓二を育てた祖父斎藤阿具（一八六八～一九四二）は、夏目漱石《なつめそうせき》（一八六七～一九一六）・正岡子規《まさおかしき》（一八六七～一九〇二）と一高（第一高等学校）・東大時代の同級生でした。阿具は、大学でリース（Ludwig Riess　一八六一～一九二八）に学び、近世における対外関係の歴史を研究する日本で最初の担い手となり、二高（第二高等学校）教授だった時期にオランダやドイツへ長期間留学し、帰国してからは一高教授を長くつとめました。啓二は、この祖父から多くを学び、少年のころからその薫陶を得、高等師範学校付属中学から一高、さらに東大国史学に進学します。そこで、卒業論文「松平定信と海防」(一九四四年。『著作集』①に収録)を書き、これを処女作として歴史学研究者への道を歩み始めました。

そして敗戦直後の一九四五年一〇月に、国史学研究室の特研生(大学院特別研究生)となり、翌年春から、板沢武雄《いたざわたけお》教授(一八九五～一九六二)・坂本太郎助教授(一九〇一～八七)の下で、井上光貞《みつさだ》(助手。一九一七～八三)や関晃《あきら》(史学会幹事。一九一九～九六)とともに、「すべての人間に解放された研究室」(「聞き書き」一八〇頁)づくりをめざし、研究室の民主化と再建を中心となって推し進めました。

特研生を修了した後、啓二は一九四七年一〇月に東大史料編纂所に入所し、近世史料の編纂に従事します。そこで旧態依然の古い体質であった史料編纂所の民主化をめざすとともに(「聞き書き」二二八～二三二頁)、公務として『梅津政景日記』の編纂を担当することになります。この編纂はその後十数年にわたり、これとの格闘のなかで、後で見るように、幕藩体制論や鎖国論、都市史、技術史など広汎にわたる研究を推し進めることになります。また、日本を代表する歴史学会である歴史学研究会(一九三二年創立)の再建(一九五九年)や、歴史科学協議会の創立(一九六七年)などの学会活動にも深く関わっています。同時に、東大職員組合や史料編纂所職組などの労働組合活動、メーデー事件、松川《まつかわ》事件などをめぐる裁判闘争、チリ人民支援など国際的な民主運動をはじめ、多くの社会運動・平和運動にも積極的に参加してきました。

そして一九七〇年秋からは、史料編纂の傍ら、東大文学部・大学院で授業を担当し、参加した学生・院生に大きな影響を与えることになります。さらに、一九七九年度から一九八二年度にかけては名古屋大学文学部の専任教員として、ここでも多くの若手研究者を育てました。

3　山口啓二の歴史学

山口啓二の歴史学は、四つの要素から形づくられてゆきました。

一つは、先にふれた祖父斎藤阿具の影響による、近世日本とオランダなどとの対外関係史です。父政二のかわりに、青少年期の啓二を育てた阿具は、子供のころから孫の啓二に漢文の素養をたたき込み、またみずからはオランダ語やドイツ語を自在にあやつる研究を進めることで刺激を与え続け、対外関係史へと誘いました。こうして東大国史学研究室に進学した啓二が、卒業論文で対外関係史をテーマに選び、「松平定信と海防」を執筆したのはごく自然のなりゆきでした。山口の歴史学においては、折に触れて対外関係史が取り組まれており、また随所に世界史的な視点が貫かれています。そして、名著『鎖国と開国』（一九九三年、岩波書店）の骨組みを形づくることになります。

二つめは、戦時体制下の一九四二年、講座派の論客であった羽仁《はに》五郎（一九〇一〜八三）と出会い、歴史理論としての史的唯物論に接したことです。当時は絶対主義的天皇制が猛威をふるい、東大国史学研究室は平泉澄《きよし》（一八九五〜一九八四）らが牛耳る皇国史観の牙城と化していました。こうした状態にある研究室を避けた山口は、自由な学問と民主主義を求めて孤高を守る羽仁と直接言葉を交わす機会を得、その歴史学と背景にある歴史理論に接します。これは、若くして亡くなった父山口政二への尊敬と思慕の念とともに成長した山口にとって、その後の世界観や歴史意識を決定づける重要な出来事だったとみられます。

三つめは、戦後いち早く長岡村（現、長野県箕輪《みのわ》町）で実施した史料調査と地域史研究です。この長岡村共有文書の調査と研究は、後にいずれも著名な中世史研究者となる永原慶二《ながはらけいじ》（一九二二〜二〇〇四）や稲垣泰彦《いながきやすひこ》（一九二一〜八二）とともに取り組まれたもので、本格的なフィールドワークによる地域史料の調査としてははじめて実施されたものです。そして調査は、地元の青年たちとの交流とともに行われました。この調査の直後、山口らはかねてから尊敬してきた東大農学部古島《ふるしま》敏雄《としお》(一九一一〜九五)の研究室を訪ね、これをきっかけに古島の指導を得ながら、山口が事務局を担う農村調査連絡会の活動が始まりました。この地域史料をめぐる調査活動は、その後、相之島《あいのしま》(現、長野県須坂《すざか》市)や忍草《しぼくさ》(現、山梨県忍野《おしの》村)などの調査へとつながってゆきます。そして、こうした地域史料の調査・研究は、地主制の解体と農地解放による地域社会の民主化と激動のなかで、大きなうねりとなってまたたくまに全国へと広がってゆきます。これは、ふつうの庶民が生きた地域社会を対象とする、新たな歴史学の本格的な誕生を告げるものでした。その後山口自身も、東大史料編纂所での編纂業務のかたわら、山梨県大月《おおつき》市や埼玉県東松山市、秋田県本荘《ほんじょう》市などでの市史編纂に関わり、また晩年には妻村田静子《しずこ》(一九二三〜二〇〇三)とともに、菊池家《きくちけ》文書(和歌山県湯浅《ゆあさ》町栖原《すはら》)の整理に取り組むなど、一貫して地域史研究を実践してきました。

そして四つめが、東大史料編纂所に着任して以来、編纂業務として十数年にわたって取り組んだ『梅津政景日記』です。一六一二(慶長十七)年から一六三三(寛永十)年におよぶ、秋田藩の重臣によるこの稀有な記録は、院内銀山《いんないぎんざん》をはじめとする鉱山町や、城下町久保田《くぼた》(秋田)、さらには江戸や駿府《すんぷ》で記された詳細な日記です。そこには、当時を生きた多様な身分や諸階層の人びとの肉声が、それぞれが帰属する個々の社会の細部とともに、政景の手で日々生き生きと記録されています。山口は、この日記と文字通り格闘することで、まだ生れたばかりの幕藩制社会を、常陸《ひたち》から秋田へと懲罰《ちょうばつ》的な転封を強いられた佐竹《さたけ》家とその領地の動向を詳細に解明しながら、その骨格を描きました。そして、そうした細部が全体社会の中にどのように位置づいているかを見ながら、幕藩体制の全体像を描いてゆくことになります。

これらの要素からなる山口啓二の歴史学は、こうして戦後直後から一九六〇年ごろまでの十数年間にその骨格が形成され、またオリジナルな史料分析を基盤とする研究論文があいついで書かれることになりました。これらは、戦時体制下の国家的な統制や、皇国史観への同調により、自由で民主主義的な学問や歴史研究が抑圧されてきた戦時体制が、膨大な犠牲をともなって瓦解し、新たな時代を迎えるなかで、眼を見張るような大きな成果をもたらしました。それは、国民を主人公とする新たな歴史学の創造であり、「戦後歴史学」の成立を意味するものです。そして本書では、こうした時期に公表された山口の二つの論文を取り上げます。

4　細部と全体史

山口啓二の歴史学は、つぎのような特徴をもつように思われます。

第一は、素材である史料や史料群を悉皆《しっかい》的に把握し、その全体を把握し精読する、という研究手法です。自分の思いつき(仮説)にとって都合のいい史料の断片をただ拾い集めるのではなく、一見、あまり内容のなさそうな史料や記録の断片の細部にまで眼を配り、それらの背後にある、かつて実在した社会の実態、社会を支えた人びとの実像に少しでも迫ろうとする姿勢で一貫しています。

第二は、素材としての史料と格闘するなかで、個性的な概念が抽出され、史料のことばで表現されていることです。本書の二論文に見られる「人は山、山は人」、「際限なき軍役」などの含蓄ある概念がこれです。

第三は、そこに内包される論点の多様さ、豊かさとともに、全体史への志向が明確に窺える点です。本書収録の二論文において、山口は、中世末期から近世への移行期特有の社会の動向を見据え、戦国大名から近世大名への変容、農・工・商の小経営の自立への動向、他方での国家的な公権力の存立の特徴を検討しています。また、そこには同時に技術史、都市史をめぐる論点が豊かに含まれています。こうした多様な論点は、その後、名著『鎖国と開国』へと結実し、近世社会の全体史が叙述されてゆくこととなります。

これらの特徴は、山口が当時の民主主義運動、平和運動、労働運動などと積極的に関わり続けるなかで、一人の市民として誠実に暮らし、まわりの家族や市民とともに人権や民主主義の感性を研ぎ澄ましていったことと深いつながりがありそうです。現代社会を深く洞察し、鋭く批判的に観察する眼をもつことで、失われた過去の社会についても、底辺から批判的・根源的に見つめ続けることができたのだと思います。その基盤には、常に普通の人びとへの深く暖かい共感が存在しています。

本書に収録した二つの論文からは、歴史の事象を、表層ではなく深部から、権力や著名人の視座からではなくふつうの人びとの眼から、部分や断片ではなくつねに全体との関わりのなかで、また他者の抽象的な言説によるのではなく、みずから見出した具体的な事実をとらえ分析し叙述すること、などの大切な意味、つまり歴史学の神髄を学ぶきっかけが得られるように思います。

I部　山口啓二を読む

「Ⅰ部　山口啓二を読む」凡例

1　山口啓二の論文に頭注欄を設け、▼用語解説を付した。

2　論文中で引用されている史料については、〔読み下し〕・〔現代語訳〕を原則として頭注欄の＊に記載した。また長文におよぶ引用については、本文の引用史料の直後に〔読み下し〕・〔現代語訳〕を付した。

3　編集に際し、編者が元の論文に補筆した部分には〔　〕を付した。

4　図表の番号は、章ごとに振り直した。

5　論文の底本は、つぎの通りである。

・1章「近世初期秋田藩における鉱山町」：『山口啓二著作集　第二巻』二三三〜二六五頁、校倉書房、二〇〇八年（初出『国民生活史研究』二、一九五九年。『幕藩制成立史の研究』校倉書房、一九七四年に収録）

・2章「秋田藩成立期の藩財政」：『山口啓二著作集　第二巻』一一三〜一五六頁（初出『社会経済史学』二四巻二号、一九五八年。前掲『幕藩制成立史の研究』に収録）。2章は、初出論文および『幕藩制成立史の研究』から史料を、著作集から表を補った。

【1章　近世初期秋田藩における鉱山町　要旨】

　この論文は、秋田藩最南端にある院内銀山《いんないぎんざん》を素材に、近世初期の鉱山町の分析を試みたものである。前半の第一節で院内銀山町の住民構成を検討し、また後半の第二節では、院内銀山町を中心とする商品流通の特徴を明らかにしようとする。

　論文の全体で素材とされ、しばしば引用されるのは『梅津《うめづ》政景日記《まさかげにっき》』である。まず『梅津政景日記』一、二巻の慶長一七〜一九(一六一二〜一四)年の日記などに記される、院内銀山町のさまざまな住民について、その出身地の記載と多様な職分や階層との関係に注目する。そして全国から銀山に集まる人びとによって構成される鉱山町社会のようすを見ながら、そこに山師《やまし》・町人、床屋《とこや》・金名子《かなこ》・大工《だいく》などの鉱山専業者あるいは職人層、掘子《ほりこ》などの単純労働に従事する人びと、近隣農民の作間稼《さくまかせぎ》など、大きく四つに区分される階層を見出し、それぞれの特徴を見てゆく。そして鉱山町社会の基礎には、山師に統括される多様な鉱山専業者が自立してゆく動きが存在することを指摘する。こうした多様な人びとによって形成された鉱山町は、当時の全国的な社会的分業の所産であり、そこはさまざまな商業資本、手工業技術が集まる場として、秋田藩のように後進的な条件の下におかれた藩にとって、城下町久保田《くぼた》とならぶもっとも先進的な位置を占めたとする。

　つぎに、久保田にも匹敵する規模となった院内銀山町の都市社会の様相を見ながら、そこでの商品の流れを、近郷や、領内全体、さらには他領や上方《かみがた》などとの関係に注目しながら検討してゆく。そして、特定の町が特権的に扱える品目を限定する「町定《ちょうさだめ》」と呼ばれる政策と、鉱山町における商売の自由(惣山中《そうやまじゅう》売買自由)という原則との矛盾を見る。また、米と鉛の藩専売制度が、鉱山町の諸営業者に重くのし掛かり、そこから多くの利益を奪い、鉱業・手工業・商業における自立した営業者の発展を阻害する結果となった点に注目する。

　このように秋田藩にとって院内銀山町は、商・手工業の発展と、商品流通、なかでも年貢米の販売市場という二重の側面で「領内の上方」としての意味をもった点を強調する。

　なお、本論文の注記にも重要な指摘がいくつか見られる点に注意したい(第一節・注(17)、(44)、第二節・注(10)など)。これらは、近世における職人=手工業者の所有や技術の特質、近世初期の日傭《ひよう》層、振売《ふりうり》と町定、などに関する言及であり、その後の近世史研究に多くの示唆を与え続けている。

(吉田伸之)

〈山口啓二論文〉

1章 近世初期秋田藩における鉱山町――院内銀山を中心に

はじめに

近世初期の秋田藩における鉱山については、すでに小葉田淳▲氏の「阿仁《あに》金山の研究」(1)「院内銀山の研究」(2)によって論じつくされた感がある。また史料(3)の点からいっても、小葉田氏が利用されたもの以外は知られていない。したがって、浅学の筆者が再論するのは意味がないことかも知れない。しかし、研究対象と史料が同一であっても、異なった問題意識から分析をすすめることは可能であろう。筆者は、小葉田氏が、「日本における貴金属生産史上の変革期」の問題としてあきらかにされたのに対し、秋田における藩制成立を追究する立場(4)から論じてみたい。

小論では、秋田の鉱山全般の問題について論ずる余裕がないので、鉱山町に焦点をしぼり、第一には、鉱山町の住民構成の分析を通じて、第二には、鉱山町における商品流通の分析を通じて、ほかならぬ幕藩体制という特定の社会の形成過程における、秋田藩の鉱山町成立の諸条件を追究することにする。

(1) 『史潮』四三号〔一九五〇年〕。小葉田『日本鉱山史の研究』〔岩波書店、一九六八年〕

▼小葉田淳《こばたあつし》　一九〇五～二〇〇一。京都大学名誉教授。日本近世の貨幣史・鉱山史。

所収。
（2）『史林』三四巻四号（一九五一年）、三六巻一号（一九五三年）、三七巻四号（一九五四年）、三八巻五号（一九五五年）に連載。小葉田前掲書所収。
（3）主な史料は、「政景日記」二一巻二五冊、「院内銀山記」正続二冊あるいは三冊、「鉱山至宝要録」二巻の三つで、小葉田「院内銀山の研究」緒言の註に詳しい解説がある。
（4）筆者は、『梅津政景日記』刊行の公務の傍ら、秋田藩成立史の研究をすすめてきた。また藩政史研究会同人の一人として、一九五八（昭和三三）年度文部省科学研究費（総合研究）の交付をうけておこなわれた「藩制成立史の総合的研究」の一環としても、このテーマを追ってきた。小論は、以上の研究の一部をなすものである。なお、秋田藩成立史研究についての筆者の問題意識については、「秋田藩成立期の藩財政」（Ⅰ部2章）参照。

第一節　鉱山町住民の構成

「梅津政景日記」には、成立期秋田藩の諸鉱山に関する記事が豊富であり、山師▲から掘子▲にいたる鉱山町住民各階層の人名が多数記されている。それは多く出身地名を冠し、「何処ノ誰」というように書かれている。ここに掲げた第1表は「日記」の巻一、巻二上、巻二下、巻三上、巻三下[1]の五巻に現われる院内銀山町住民を、出身地と職業によって分類[2]し、その人数の分布を表示したものである。

▼**山師**　採鉱を担当する経営者。山元《やまもと》。→二一頁本文。
▼**掘子**　→二四頁本文。

若狭	越前	加賀	能登	越中	越後	会津領	最上領	領内	その他東北	常陸太田	その他関東	その他中部	四国	九州	計
d						e				f					
1	10	7	6	3	13	1	3	7	2	2		1	4	3	137
	1				2	3	1								16
					1										7
					3	1			1						8
		1		②	1①		①				①			①	14㉕
	2					1									6
	3				2		1				1				9
				1	3	3	5	6			1				28
							11	10							24
1	4	2	3	5	20	4	3	11	2		2	2	1	1	124
2	20	10	9	9	45	13	24	34	5	2	4	3	5	4	373

▼**山《やま》奉行《ぶぎょう》**　秋田藩の役職で、領内の鉱山支配にあたる者。院内には二～三名が現地に常駐した。

政景は、この日記がはじまる一六一二(慶長一七)年二月二八日、院内銀山に山奉行▲として赴任してから、一六一四年まで同銀山の山奉行であった。(3) この年兼ねて惣山奉行(4)に任ぜられ、以後、勘定奉行・家老脇・家老と昇進したが、惣山奉行の職は兼ねたままであった(5)。惣山奉行として接する鉱山住民は、ごく上層の山師・町人に限られ

第1表　院内銀山住民職業別出身地表(「梅津政景日記」巻1～3による)

出身地名／職業	a					b								c				
	京都	伏見	大坂	堺	大津	摂津	近江	紀伊	伊勢	美濃	尾張	播磨	備前	備後	但馬	出雲	石見	その他中国
山師・町人	8	1	15	1	2		1		7	1	3	12	11	1		1	5	5
手代			1		1		1		1			1	1	1		1		1
荷買			2				1				1		1			1		
研業												1						2
床屋	1	①	3③	①			①				①	2	2	1①	1	1	1⑩	①
金名子		1	1								1							
大工													2					
掘子												5	1	1		1	1	
炭焼												1	2					
その他・不明		1	13	1		1	2	1	3		6	5	6	3	1	3	15	2
計	9	3	35	2	3	1	5	1	11	1	11	27	26	7	2	8	22	10

備考　○内の数字は職業欄「その他・不明」の不明者のうち，脇鉛の罪に問われたものを床屋と判断したものである。

〔注　金名子・床屋などについては、18頁頭注参照。〕

第2表　院内銀山住民出身地表

	史料 / 出身地	1617(元和3)年諸国者惣人数調		政景日記巻1～3
a	京都	54		9
	伏見	37		3
	大坂			35
	堺	8		2
	大津			3
b	摂津			1
	河内	7		
	近江	56		5
	紀伊	14		1
	伊賀	3		
	伊勢	180		11
	美濃			1
	尾張	43		11
	三河	29		
	駿河	20		
	播磨	35		27
	備前	400	(402)	26
c	備後		(1)	7
	但馬	6		2
	出雲	58	(21)	8
	石見			22
	安芸	24		2
	丹後	21		3
	その他中国			5
d	若狭	28		2
	越前	29	(58)	20
	加賀	104		10
	能登	36	(37)	9
	越中	30		9
	越後		(54)	45
e	会津領	10		13
	最上領	150	(190)	24
	領内			34
	仙台	63		2
	米沢	25		
	相馬	20		
	その他東北	67		3
f	常陸	43	(38)	2
	江戸	34		3
	その他関東	33	(50)	1
	その他中部	19	(53)	3
	四国	6	(8)	5
	豊後	24		3
	その他九州	17	(28)	1
	計	1,733	(1,882)	373

備考　(　)内の数字は小葉田氏『院内銀山の研究』所収「生国別人数表」による。

▼請山《うけやま》・直山《じきやま》　→二九～三〇頁、注(6)。

ていたし、また請山・直山▲という支配形態の差、鉱山の種類、規模の大小等、条件の違う諸鉱山(6)の、それも惣山奉行の裁きを必要とする大事件に関するものだけであったから、「日記」全体から鉱山の住民の名前を拾うことは、本節の問題解明にあまり役立たないであろう。第1表は、この見地から、政景が院内銀山山奉行であった間の、しかも院内銀山住民だけを対象として作成した。

第1表の数字を検討する前に、指摘しておくべき点がある。それは、これらの数字は、あくまで山奉行の裁きの対象となったものに限られていることである。したがって個々の数字それ自体、なんら絶対的な意味をもつものでないことはもちろん、職業別の数字の間の比重を考えることも意味がない。すべての住民に山奉行への訴願の道

▼**町制秩序**　銀山町全体の行政機構や町など共同体の支配秩序。

が開かれているといっても、その道を現実に利用しうるのは、主として上層である。そこで当然ながら、山奉行の裁きの対象に下層の住民がなるのは、刑事問題に限られていたからである。しかも、それら下層の住民は、山師・町人から、経営内部においても、町制秩序▲の面でも、支配され従属させられていたから、よくよくのことでなければ、その刑事問題すらも起きることがないからである。したがって、第1表の数字は、各職業別にその出身地の分布を概観する以上に利用することはできない。それでも、これらの数字は、もし幕藩体制形成過程において秋田藩を規定したところの諸条件と関連させて考察するならば、それぞれ興味ある意味を語っているように思われる。

　第1表から指摘できる第一の点は、院内銀山住民の出身地の全国的分布である。これは別の史料からも裏づけられる。第2表は、「銀山記」所載の「元和三年諸国者惣人数調[7]」と第1表の数字とを対照したものである。「銀山記」はのちの聞書《ききがき》という史料的制約をもち、また「日記」では多数現われている石見出身者が記載されておらず、そのうえ領内出身者が外されているので、史料として採用するには問題があるが、一方、第1表と違って、いちおう一六一七(元和三)年における諸国出身者の総数を示しているらしいことは利点である。したがって、両者は、銀山の住民の出身地分布の全体的傾向をみるためには、相補う史料として利用できよう。

　このような全国的分布の理由として考えられることは、第一に、小葉田氏も主張しておられるように[8]、鉱山業者の全国的成立であろう。また同氏の『鉱山の歴史』では、近世初頭における鉱山業の発達と金銀山の開発について概観されて[9]いるが、これによ

▼**金名子**　山師の差配の下で坑道内の一部採鉱で行う小親方。↓二七頁本文。
▼**大工**　山師に従属し、坑道掘りや採鉱に従事する労働者。坑夫。
▼**床屋**　鉱石を灰吹法《はいふきほう》によって製錬する業者。

っても裏づけられるであろう。しかし、山師や金名子▲・大工▲・床屋▲等の鉱山専業者(10)の諸階層の成立と、彼らが「新興の山を求めて移動していた」ことからだけでは、第1表の全国的分布を十分には説明できない。後述するように、このような鉱山専業者の出身地は、むしろある地方に偏っているからである。

　では第1表・第2表の見かけの全国的分布のなかから、職業別ないし階層別の分布を濃縮して示そう。第3表は第1表の数字をブロック別にまとめたものである。aは

第3表　院内銀山住民職業別出身地別表

	a	b	c	d	e	f	計
山師・町人	27	23.5	23.5	40	13	10	137
	19.7	17.2	17.2	29.2	9.5	7.2	100%
手代	2	3	4	3	4		16
荷買	2	2.5	1.5	1			7
研業		0.5	2.5	3	2		8
床屋	9	4	18	5	1	2	39
	23.1	10.2	46.2	12.8	2.6	5.1	100%
金名子	2	1		2	1		6
大工		1	1	5	1	1	9
荷買以下大工までの計	13	9	23	16	5	3	69
	18.8	13.0	33.3	23.2	7.2	4.5	100%
掘子		3	6	4	13	1	27
炭焼		1.5	1.5		21		24
その他	10	10.5	17.5	32	18	4	99
計	52	56.5	75.5	95	75	18	372
	14.0	15.2	20.2	25.6	20.2	4.8	100%

備考　第1表の播磨・備前の数字はb・c欄に折半した。

▼**荷買**　荷(鉱石)を購入する業者。買石《かいし》。
→三四頁頭注。

▼**脇鉛《わきなまり》**　銀の精錬に不可欠な、藩専売品である鉛(多くは藤琴鉛山のもの)を、鉛座からでなく、不正に買い取ること。

▼**灰吹法**　金銀生産の精錬方法。荒吹(大床)と灰吹(小床)の二工程からなる。炭灰をねば土・鉛と合わせ鉱石を焼いて「鍰《からみ》」を取り、含銀鉛とし、溶融した酸化鉛を灰に吸収させ、灰の上に残った銀を採る。

▼**神谷《かみや》(屋)寿禎《じゅてい》(貞)**　戦国期、博多の貿易商人。神谷家三代目。石見銀山を発見し、灰吹法を導入した鉱業の先駆者。

▼**大森《おおもり》銀山**　石見《いわみ》銀山とも。石見国邇摩《にま》郡にあった(現、島根県大田市)。一五三三(天文二)年から神谷寿禎が開発。

▼**生野《いくの》銀山**　但馬《たじま》国朝来《あさご》郡(現、兵庫県生野町)にあった銀山。一五四二(天文十一)年発見。

上方諸都市、bは上方とその周辺の地方、cは中国地方、dは北陸地方、eは東北地方、fはその他の地方といちおう分類した(備前・播磨両国はb・cのいずれにも属するので第2表で点線で区切った)。この表から、計、山師・町人、荷買▲以下大工までの鉱山専業者の計、および専業者のうちから床屋だけの、四つの欄の百分比の分布を表示すると第4表のようになる。第4表が鮮やかにわれわれの視覚に訴えているのは、計の欄では二〇%の線に並んでいたcとeとが、専業者の欄では、cが最高、eはきわめて低くなっていることであり、さらに専業者のなかでもっとも高度の専業的技術を要求された床屋においては、脇鉛▲の罪に問われた者をいちおう床屋と推定したことも加わって、いちじるしい開きとなって現われていることである。

近世初頭における貴金属鉱山業の画期的発達は、冶金技術と掘鑿技術の変革によるのであるが、前者は中世末期、中国・朝鮮より渡来した灰吹法▲(11)である。これはおそらく日中・日朝貿易を通じ博多の都市手工業としてまず定着したのではないかと思われるが、一五三三(天文二)年、博多の貿易商神谷寿禎▲の手により、石見の大森銀山▲に導入される(12)に及んで、わが国貴金属鉱山業は、新しい画期を迎えるにいたったのである。一五四二(天文一一)年に開かれた但馬の生野銀山▲のばあい、石見の商人が鉱石を買って石見に送り、製錬したことから始まったという言い伝え(13)があるように、おそらく、石見大森銀山で開始された技術変革は、中国地方諸鉱山で採用され、やがて全国に伝播したのであろう。第4表の鉱山専業者ないし床屋の欄におけるc座標の高さは、この地方の鉱山技術における先進性を物語っている。

▼北海路《ほっかいろ》　敦賀《つるが》・小浜《おばま》と奥羽《おうう》北部や松前《まつまえ》とを結ぶ海路。中世後期には成立しており、豊臣政権下で飛躍的に発展したとされる。

これに対して、eブロックは、その豊富な鉱山資源が、近世初頭から急速に開発されて、やがて全国的にみても鉱山業の盛んな地方となる(14)のであるが、この段階では、先進的技術を、まったく他に負っていたということができる。

鉱山専業者は、cについでd・aの両ブロックが多いが、前者の座標の高さは、前者が当時すでに北海路▲で直接秋田と結ばれていた(15)ということのほか、中国地方や、甲・駿・豆地方についで貴金属鉱山の先進地方(16)であったことによるのであり、これに対して後者のそれは、上方諸都市における先進的冶金手工業の伝統を示すものであろう。

熟練を要する手工業技術においては、伝播は職人の移動を通じてなされる(17)。したがって、先進・後進の落差は、人の流れで水準化する。第4表の専業者ないし床屋の欄

第4表

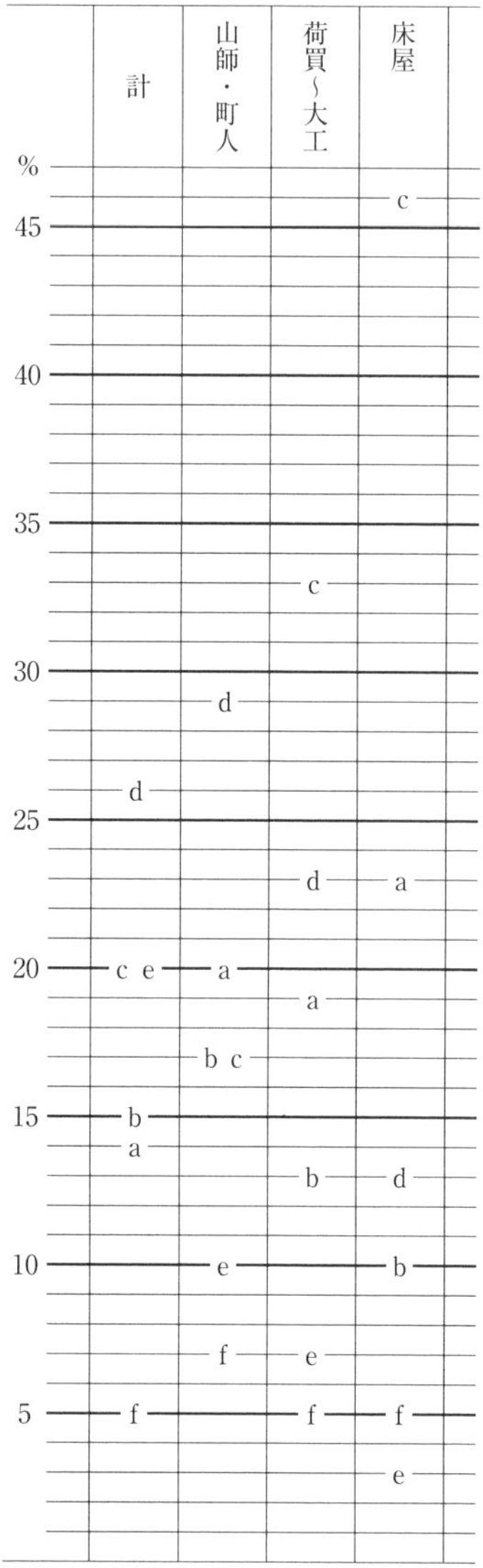

備考　小数点以下四捨五入。

の、c・d・aの三座標のそれぞれの高さは、後進秋田との手工業技術の落差を示すものであり、また、もっとも低いeブロックのばあいでも、第1表によって、その内部に目を向ければ、織豊期から江戸初期にかけて開発された金銀山をもつ会津領▲・最上領▲[18]と秋田との差を指摘できると思う。

ところが、第4表の山師・町人の欄をみると、各ブロックの座標は、必ずしも鉱山業における先進・後進の順を示していない。第1表以下、すべて山師・町人を一つにまとめたのは、「日記」によると、山師という専業者はむしろ抽出しにくいのであって、資本をもって普請すなわち坑道掘鑿ないし採鉱を請負うものは、それが、先進鉱山から移ってきた本来の山師であれ、北海路で活躍する商人であれ、牢人であれ、すべて山師とよばれうるのであり、有力な町人は、山師でもあると同時に役持▲、すなわち徴税請負人であるというように、むしろいくつかの営業を兼ねているものが多いのである。したがって、この座標は、鉱山専業者とは別の条件、すなわち、商業資本の蓄積と、その地と秋田との間のなんらかの結びつきとが、その高さをきめたといえる。

dの高さは、北海路が、この沿岸に遠隔地交易商業資本を育てた事情と、北海路そのものが、これを秋田に結びつけた事情とを考えることで理解できるし、ついでaの高いことも、上方諸都市の商業資本蓄積の高さと、北海路が上方と秋田とを直結していたという事情とを示しているということができる。

しかし、この欄が、専業者の欄に比べて上下のへだたりが小さいことは、すでに城下町が遠隔地交易と領国経済の結節点として全国に建設されており、兵農分離の先進

▼**会津《あいづ》領** 陸奥《むつ》国会津郡(現、福島県会津地方)を中心とする領域。

▼**最上《もがみ》領** 出羽《でわ》国最上郡を中心とする領域。

▼**役持《やくもち》** 徴税請負人。院内銀山とその周辺には、入役・床《とこ》役・地子《じし》役・板役・流《ながし》役・傾城《けいせい》役・莨《たばこ》役・炭灰《すばい》役・研《ずり》役・麺類役・番匠檜物《ばんじょうひもの》役・造り酒役・湯風呂役・鍛冶役・灰吹役・米小売役・餅米役・材木役・見世《みせ》役などが存在し、それぞれ半期ごとに税の徴収額を入札し、競りで請負人を決めた。

的展開によって名主・地侍層▲が早くから商業活動に参加することで広範に生成していた、畿内およびその周辺地方の商人たちは当然のこと、幕藩家臣団形成過程の戦乱、改易・転封、家中騒動等を通じてはじき出された牢人たち、さらに後進地域における土豪もまた、この上方諸都市と全国の城下町を結ぶ流通過程に商業資本として登場しうる条件ができたことから、鉱山専業者と違って全国的分布をもちえたためであろう。第2表で備前出身者をみると、「元和三年惣人数調」では四〇〇人、「日記」でも二六人、第1表の山師・町人の欄でも一一人という多数を占めているが、これは、「銀山記」[19]に記すところの、院内銀山の開発に当って多数の宇喜多牢人▲が流れ込んだということと照応する。また、第1表で常陸太田[20]が山師・町人の欄のみ二人となっていること、領内が七人となっていること、四国・九州からも四人・三人という出身者のみられることは、この層の出身者が先進的鉱山の所在にだけかかわらないことを示している。

第5表は、山先▲、年寄的な山師、町肝煎▲と出判の下書人▲、役持とその請人の出身地別表であるが、これら有力な山師・町人のばあいも、前述のように、地方的偏差とともに全国的分布を指摘できる。また、領内から六人[21]、常陸太田から二人の有力な山師・町人を出していることは、この層と藩権力との関係を考えさせる。

山師・町人層で注意すべきことは、院内銀山における経営にだけ当っているのでなく、城下町人として手広い営業をおこなっているもの、上方その他に本拠をもって、いわば出店《でだな》といったかたちで院内銀山にきているもの等が、かなり多くみられること

▼**名主《みょうしゅ》・地侍《じざむらい》層**　中世村落における有力百姓(名主)と、村落に土着する侍＝下級武士(地侍)。

▼**宇喜多牢人《うきたろうにん》**　関ヶ原の戦いで取り潰された備前《びぜん》・美作《みまさか》の大名宇喜多秀家《ひでいえ》の家中や奉公人で、牢人となった者。

▼**山先《やまさき》**　最初に鉱山を見立てた山師。多くの特権をもつ。

▼**町肝煎《ちょうきもいり》**　院内銀山町における下町を構成する個別町の代表。

▼**出判《ではん》の下書人**　院内銀山から十分一番所や篠根子《じねご》口や最上《もがみ》口の番所を通って出る場合に必要とされた通行許可書(出判)に、本人の身元の保証に参与した者。

である。たとえば、能登出身(22)の中山八郎兵衛は、銀山の「御質屋▲」を請負い(23)、傾城役▲(24)・造り酒役▲(25)の役持となる一方、運上間歩▲を経営する山師でもあるが(26)、他方では北海路の廻船業を営み(27)、藩の御用を勤める久保田城下町人▲(28)なのである。銀山に塩屋平《しおやたいら》なる地名を残した「京の塩屋」(29)は、幕府有力者との結びつきをもつ(30)京都の豪商と思われる。伏見の傾城屋長崎屋は院内に出店を置いて傾城屋をいとなんでいた(31)。また広島介兵衛の死後の家財について、佐渡から息子の介市が相続を申出、一方、大坂に住む介兵衛の妻で介市の継母側と相続争いをしているのであるが、その継母も介市同様、佐渡奉行の目代▲宗岡佐渡に目をかけられていたというから、佐渡でも経営に当っていた

▼**御質屋**《おしちや》 院内銀山において秋田藩御用として質屋を独占的に営業する金融業者。

▼**傾城役** 傾城(遊女)屋に課された役金。

▼**造り酒役** 酒造業への課税。

▼**間歩**《まぶ》 外部に開いた入り口(四つ留口)をもつ坑道。本敷、本番ともいう。

▼**久保田城下** 窪田とも。佐竹義宣が本拠とした城下町。現、秋田市。

▼**佐渡**《さど》**奉行**《ぶぎょう》**の目代**《もくだい》 佐渡金山を管轄する佐渡奉行配下の役人。

第5表　有力山師・町人出身地表

	山先	年寄山師	町肝煎	役持	計
京都				4	4
大坂		1	1	2	4
大津		1			1
伊勢	3	2		4	9
美濃				1	1
尾張			1		1
播磨				1	1
備前		1		2	3
広島				1	1
出雲				1	1
隠岐	1				1
丹後			1		1
若狭			1		1
越前	(1)○		1		1
加賀	1 △	1		2	4
能登	1 ▲	1		2×	4
越中			1	1	2
越後			1	2	3
会津				1	1
最上			1		1
領内	1		2	3	6
常陸太田			1*	1	2
豊後			1	1	2
高野		1			1
不明	1				1

○山先正左衛門　越前正左衛門と同人と考えたばあい。
△石黒木工右衛門　「銀山記」によると加賀牢人。
▲山先正左衛門　×中山八郎兵衛　出身地は不明であるが，慶長18年春役を能登出身者と共同で請負っていること，また「日記」寛永6・5・18に出てくる能登八郎兵衛は中山八郎兵衛と同一人物らしいこと，等から推定。
＊太田六大夫　長谷川藤広の旧臣といわれる。

のであろう(32)。

第2表にみられるように、「日記」でも、「元和三年人数調」でも、佐渡の出身者は出てこないのだが、広島介兵衛の息子の介市のことから推定すると、佐渡相川《あいかわ》金山の開発が院内銀山のそれと並行していたことから(33)、佐渡はなお他国商人を山師・町人として吸収していた段階であり、たとえ佐渡から院内銀山に移ってきた者があるにせよ、佐渡を名乗ることなく、本来の生国を名乗っていたからであろう(34)。

第4表において、cブロックと対極的に鉱山専業者の座標が低いeブロックが、逆に特徴的に多数を占めるのは掘子と炭焼とである。第3表によれば、前者は総数二七人中一三人、後者は二四人中二一人という圧倒的な数を示している。

掘子は、切羽で掘大工の手伝をするもの、鉱山や研《ずり》を叺に入れて運び出すものを主として指したが、樋引《といびき》(排水)に当るもの、床屋や鍛冶屋の鞴差等、およそ鉱山において技術・技能を要しない単純労働に従事するあらゆるものを総称した。このような単純労働には、近隣農村からの日雇稼が入り込んだことも考えられる。一六一七(元和三)年、政景の代官所藤琴村の肝煎が政景に提出した年貢減免願(35)によると、

鉛山能御座候内ハ、作ノ間ニ、手間なとを取、御物成そたて申候而、田地をも荒シ不申候*

とあり、このような事情は、院内銀山はじめ他の鉱山のばあいも同様であったと推定される。しかし、この願状をよく読むと、藤琴村ははじめ高一九〇石で六ツ成であったところを、高四六七石で六ツ五分という打出・増徴をかけられ、他村の五ツないし

▼切羽《きりは》　坑道の先端。
▼研　穴・道・川などに捨てられ、こぼれ落ちた鉱石。
▼叺《かます》　藁筵《むしろ》でつくった袋。
▼鞴差《ふいごさし》　ふいごを操作する労働者。
▼日雇稼《ひようかせぎ》　一日単位で雇われ、さまざまの単純労働に従事する肉体労働者。
▼藤琴村《ふじこと》　→2章八一頁頭注。
▼肝煎《きもいり》　村の統治を担った村役人。無役高、肝煎免、人足徴発などの特権を与えられた。
*〔読み下し〕　鉛山能く御座候内は、作の間に、手間などを取り、御物成育て申し候て、田畑をも荒らし申さず候、
*〔現代語訳〕　(藤琴村近隣にある)鉛鉱山の経営がよい間は、百姓が農業の合間に、手間賃を得る稼ぎをして、御年貢をふやし、田畑を荒廃させるようなこともありませんでした。
▼六ツ成《むつなり》　村高に賦課される年貢の割合(免)が六〇%であること。
▼打出《うちだし》　検地によって、田畑などの地積や石高をふやすこと。
▼作間稼　農業の合間に収入を得るべく行われる多様な稼ぎ仕事。農間稼。

五ツ五分と比較して非常に高い年貢を負担しているのであるが、これは鉛山における作間稼▲を前提としてであることがわかる。

つまり、鉱山における作間稼は、農民の側からいえば、年貢負担者としての自己の再生産を保証するものであり、藩の側からいえば、年貢と鉱山における労働力確保という一石二鳥を保証するものであった。年貢の重圧によって放出された農閑期労働は、いわば夫役▲と同様に低劣な条件に甘んずるものであったろうが、坑内の鉱石運びや樋引、ないし床屋の鞴差等の半奴隷的酷使に耐ええたであろうか。「日記」にみえる鉱山での農民夫役は、小屋掛け▲[36]あるいは藩米運搬[37]であるから、作間稼がこれ以下であったとは考えられない[38]。むしろ近隣農民の作間稼としては、炭焼、伐採、駄賃稼▲等の有利な仕事を考えたほうが妥当であろう。前述のように炭焼は、二四人中二一人がeブロックであるが、このうち一〇人が領内の出身で、一一人は最上領、といっても大半が院内銀山と境を接する由利郡▲の出身なのである。「ほりこなとハ手代之者ニ下人同前ニ被遣」*[39]るものであり、また、

ふいこさしに三月始より居候而、夜ル昼つかハれ、ねむく候とて、三月の手間銀をもとらす、いとまをもこハす、去四日の晩ニ、出判をも不取して、やま紛ニかけおち*[40]

〔す〕るといった、掘子・鞴差等の単純労働者は、たとえ手間銀をうけていたにせよ[41]、労働強制によって劣悪な条件に縛りつけられていたのであって[42]、近隣農村出身者のばあいには、年貢の不足分を借金して、いわば身売の債務奴隷▲といった立場にあるか、

▼**夫役**《ぶやく》　領主に提供する労働力。

▼**小屋掛け**《こやが》　小屋は建物のこと。院内銀山の山奉行や役所の普請。

▼**駄賃稼**《だちん》　馬などを用いて荷物を運搬し賃銭を稼ぐ営業。

▼**由利郡**《ゆり》　羽後南西部の郡名。

＊**〔読み下し〕**　堀子などは手代の者に下人同前に遣われ

＊**〔現代語訳〕**　（山主である越中の津兵衛配下の）堀子（平蔵と久三郎）は、津兵衛の手代であり、その下人と同じように使役され

＊**〔読み下し〕**　鞴差に三月より始まりおり候て、夜昼使われ、眠く候とて、三月の手間銀《てまぎん》をも取らず、暇をも乞わず、去四日の晩に、出判をも取らずして、山紛《まぎ》れに欠落

＊**〔現代語訳〕**　（越後の孫二郎は、備前の七右衛門のところで）鞴差の仕事が三月から始まり、昼夜の別なく使役され、「眠い」といって、三月の手間銀も受け取らないまま、辞めるという挨拶もせず、去る四日の晩に、銀山を出るための証明書も取らず、山中に行方をくらまし逃亡

▼**身売**《みうり》**の債務奴隷**　借金の担保として人身が提供され、返済不能となって、債権者の奴隷状態におかれ使役される者。

あるいは年貢未納の百姓の妻子・下人等が闕所▲になって売立てられたかといったばあいを考えるべきであろう(43)。したがって、このような労働力の給源は、近隣農村の作間稼に求めるよりも、むしろ兵農分離や戦乱の過程で、あるいは後進地域における藩体制設定にともなう重課によって、農村より浮浪して普請場や都市に食を求めて集まる厖大な日傭層、ないし人身売買による下人層▲にあったと考える(44)。「日記」に関する限り領内出身の掘子は、五人のうち四人が横手、一人が六郷であって、ともに支城城下▲町の細民と推定される。

さて、ここで留意すべきことは、この段階の鉱山町住民の階層分化の方向は、生産工程のそれぞれの段階の鉱山専業者が、山師の手の内から自立していく方向であった。新しい技術に支えられて製錬関係の専業者は基本的に自立を遂げていた。床屋(荒吹▲と灰吹工程兼営)、灰吹屋(灰吹工程のみ)、炭灰屋(床を塗る炭灰の生産者)は、「日記」に独立の営業者として現われている。主要な生産用具である槌・のみ・たがね等の生産・修理に当った鍛冶屋も自立していた。板取▲・ながし▲の職人は山師・研業者に抱えられているばあいもあったが、多くは自立していた。

掘鑿・採鉱の従事者も、坑内という悪条件にあったため、掘子のように半奴隷的状態から抜けがたいものもあったが、長大な坑道、排水坑等、掘鑿技術の進歩にともない、また鉱脈・鉱石についての知識・経験の集積の必要から、手代・小手代・金名子・掘大工・樋大工・寸甫《すんぽ》(坑内測量士)・横目▲等の分業ないし階層分化が進行し、そのなかから金名子は専業者として自立していった(45)。山師が一山ないし一間歩を請負う

▼**闕所《けっしょ》**　処罰として土地や財産を没収すること。

▼**下人《げにん》層**　主人のもとで使役される、人身的な隷属状態にある者。

▼**支城城下町**　→2章七〇～七一頁本文。

▼**荒吹《あらぶき》**　→一九頁、頭注「灰吹法」。

▼**板取《いたどり》**　三方に五、六分の縁をつけた二、三尺の板で、鉱石から金属分以外の不用物をゆり捨てること。

▼**ながし**　板取でゆり捨てた鉱石を、さらに木綿に掛け流し、金属分を採ること。

▼**横目《よこめ》**　監視する役職・役割。目付。

のに対し、金名子は切羽を稼場所として請負う小親方である。金名子は、その名のごとく、本来は山師の譜代の半自立的な存在であったと思われる。ところが、「日記」慶長一九年七月一四日の条によると、阿仁金山の山師等が、金名子を屋敷内に置きたい旨願い出たのに対して、政景は、

院内銀山盛之時分、或ハかなこ五百・三百宛為持者も壱所ニ不居候、其上山師之金子ハ奉公人と相違候、

として、金名子の自立を主張しているように、金名子の自立は、鉱山の生産力を高めるための条件として、すでに山奉行の政策にもなっていたのである(46)。一六二五(寛永二)年六月、院内銀山野田山に新鉱脈発見の報で、政景は見分に赴いたが、山師は皆運上負のため普請に当れず、すでに「おもたちたるかなこ三十六人」お中(資金と負担を分けあい協力すること)で普請に当っていた。そのため、採鉱に当って運上競《せり》ができないので、政景は、金名子に五人組をつくらせ、一組宛では資金が不足ならば二組三組力を合わせて競に参加させ、普請浚いのように少額の競のばあいは一組宛競らせる措置をとった(47)。このように、金名子は、山奉行の金名子自立策に支えられて、お中でならば、自力で普請に当れるまでに成長していたのである。

以上、本節で検討してきたところに従えば、近世初期秋田藩の鉱山町の住民は、基本的には、四つの階層からなっていた。第一は、山師・町人層であり、彼らは、兵農分離の過程で、全国的な領主的商品流通に商業資本として投じた者たちである。第二は、鉱山専業者である。先進的な鉱業技術の担い手として自立した床屋・金名子等か

▼**譜代**《ふだい》　主人の家に代々仕える者、家系。

＊**〔読み下し〕**　院内銀山盛りの時分、あるいは金名子五百・三百ずつ持たせたる者も、一所に居らず候、その上、山師の金名子は奉公人と相違候、

＊**〔現代語訳〕**　院内銀山では、山の景気がいいときに、金名子を三〇〇人も五〇〇人も抱えている山師であっても、(山師のもとに)一つの所に住居することはなかった。そもそも山師の抱える金名子は、(家に包摂される隷属的な)奉公人とは異なる。

▼**院内銀山野田山**　山内北西の最奥に存在。一六二〇(元和六)年に運上山となる。

＊**〔読み下し〕**　重立ちたる金名子三十六人

＊**〔現代語訳〕**　有力な金名子が三十六人

ら、従属的地位から脱け切れない掘大工にいたるまで、採鉱・製錬の全過程で分業関係にある者たちで、彼らは、先進的な諸都市や鉱山で成立し、幕藩体制の成立という画期を迎えて、いわば急速な核分裂を起こしつつ、全国の都市・鉱山に拡がっていった職人層である。第三は、いわゆる掘子という単純労働力であり、兵農分離・戦乱・重課によって農村から浮浪し、債務奴隷に転落した者たちである。第四は、近郷からの作間稼の農民で、炭焼等に従事する者である。すなわち、その住民構成からみれば、近世初期秋田藩の鉱山町は、幕藩体制形成過程における全国的な社会的分業の所産であったということができよう。

このように、当時の全国的な社会的分業の所産であった鉱山町は、商業資本、先進的手工業技術を集中していた点からみれば、城下町とともに領内の上方とよんでよいであろう。

(1) 大日本古記録『梅津政景日記』一、二所収。巻一は慶長一七年院内銀山日帳、巻二上は慶長一八年院内銀山籠者成敗人帳、巻二下は慶長一八年院内銀山春諸役御運上銀請取覚帳、巻三上は慶長一九年日帳、巻三下は慶長一九年院内銀山籠者成敗人帳。

(2) 出身地はわかるが職業の不明なものは「その他」として表示したが、職業はわかるが出身地のわからないものは表示しなかった。また遊芸人・傾城・社寺関係・切支丹等も表示しなかった。高野聖は「日記」を通じて四人が役持になっていることがわかるが、本表では除いた。「その他」には、脇鉛の罪で処罰されたもののうち、職業不明のものも入れたが、脇鉛の罪に問われたもので職業のわかっているものは大部分床

▼領内の上方　上方とは、京都・大坂などの先進地帯。ここでは、秋田藩領内においてもっとも先進的な位置にある地帯の意味。

▼高野聖《こうやひじり》　高野山の念仏僧。諸国を勧進《かんじん》し、衣料を行商したりした。

屋なので、いちおう（　）に入れて床屋のところにも示しておいた。

(3)「院内銀山記」下（文部省史料館〔国文学研究資料館〕本。以下、「銀山記」はすべて資料館本による。下巻はいわゆる「続銀山記」に当る）には、院内銀山奉行として、一六〇七、〇八（慶長一二、一三）両年は飯土用壱岐守、一六〇九年から一一年までは梅津主馬・介川左門・羽石内記、一二年は梅津主馬・川井加兵衛・川井佐太夫、一三、一四両年は川井加兵衛・川井佐太夫・軽部孫右衛門をあげているが、「日記」によれば、院内銀山は、一六〇六（慶長一一）年に小野金山奉行の細谷助兵衛・田中半介によって見立てがすすめられ、同年から翌一六〇七年にかけて沼井勝右衛門・人見久右衛門が山奉行として赴任し、翌〇八年はこの両人が引続いて山奉行、〇九年には梅津政景が山奉行に加えられ、以来、一六一〇、一一両年は羽石内記・介川左門、一二年は政景・川井加兵衛・介川左門（左門は同年銀山にて病死）、一三年は政景・川井加兵衛、一四年は川井加兵衛・真崎季富が山奉行となった。政景は惣山奉行として院内銀山奉行も兼任した。「銀山記」は後の聞書であるから、当然、「日記」の記事を信頼すべきであろう。

(4)「日記」には惣山奉行ということばは出てこない。一六一四（慶長一九）年に政景がこの任を兼ねたことは、阿仁金山等の見分に赴き、山奉行の独断で決定できない問題の処理に当っていることから推定できる。また同僚の山奉行川井加兵衛と山師との紛争に際して、「▲けんほう（憲法）の役候間、さばき可出＊」（「日記」慶長一九・一二・一）と述べていることから、山奉行を裁く位置にあったことがわかる。

(5)政景の伝記として〔山口啓二「梅津政景——秋田藩の建設者」（『日本人物史体系』三巻、一九五九年）『著作集』②に収録〕がある。

(6)請山とは、一鉱山の支配・経営をすべて山師が請負うもの、直山（奉行山）とは、藩

▼**けんほう（憲法）の役**　掟や決まり。

＊**〔読み下し〕**　憲法の役に候あいだ、裁きを出すべし、

＊**〔現代語訳〕**　（惣山奉行の仕事は）掟により公平に判断するものであるから、（この紛争は）裁判で裁くべきである。

から山奉行以下の役人が派遣されて支配に当り、個々の坑道の掘鑿や採鉱は藩自身がおこなったり山師が請負ったりするものである。「日記」元和八年正月五日の条で、秋田藩諸鉱山の種類、支配形態、規模をみると下表のようである。

	鉱山名	支配形態	運上金額
金山	阿仁	直山	吹金 1枚 7両 3歩 8分
	杉沢	請山	吹金 4 4 2
	大葛	〃	判金 13
	檜木内	〃	砂金 1 1
銀山	院内	直山	139貫 160匁 2分
	荒川	〃	6 361 8
	増田	〃	220
	畠	請山	230
	早口	〃	100
	水沢	〃	200

(7) 「銀山記」下、小葉田氏は「続銀山記」を使われたので、数字が若干違っている。第2表では( )内でこれを対照した。
(8) 前掲小葉田「院内銀山の研究」第四章、一、町の成立(『史林』三八巻五号、三〇頁、『日本鉱山史の研究』所収)。
(9) 小葉田『鉱山の歴史』(日本歴史新書〔至文堂、一九五六年〕)五四～一〇三頁。
(10) 同上、一五五～一七七頁。
(11) 「鉱山至宝要録」上、七、吹立方(『日本科学古典全書』〔三枝博音編、朝日新聞社、一九四四年〕一〇巻三五頁)。
(12) 「石見銀山旧記」(史料編纂所謄写本)。
(13) 「但馬金銀山旧記」(同上)。
(14) 『鉱山の歴史』八五～九七頁。
(15) 古田良一・大島正隆「秋田家文書による文禄・慶長初期北国海運の研究」(『社会経済史学』一一巻三、四号〔一九四一年〕)。

▼**封建社会における手工業技術**　この注では、土地や貨幣の所有とは異なる、用具を基礎とする手工業者の所有を解説する。

▼**ツンフト**　Zunft　ドイツ中世の職人親方の同業者組織。

▼**脇米**《わきまい》　藩の専売品である米を、正規のルート以外から不正に取得すること。

＊**〔読み下し〕**　能登《のと》の国の者のよし、申すあいだ、中山八郎兵衛・能登太郎兵衛召し寄せ

＊**〔現代語訳〕**　（罪人が自分は）能登の者であるというので、中山八郎兵衛と、能登の太郎兵衛を召喚し

(16)『鉱山の歴史』七六〜八二頁。

(17)封建社会における手工業技術▲は、いわば職人の筋肉のなかに仕込まれた技倆と、それが対象化されることで多様に分化した道具として存在する。これらの手工業技術は、その個人的占有の状態と、手工業製品の市場の狭さとから、ツンフト▲規制のもとで秘伝化される。したがって、技術の伝播が職人の移動を通じてなされるといっても、職人たちのツンフト規制とのたたかいを通じてしかなされなかった。鉱山技術においても、当然、この一面があるはずであるが、鉱山の領有形態と、鉱産物とくに貴金属の領主占買《しめがい》と、鉱山経営の不安定とによって、むしろ逆に、職人の自由な移動が幕府・領主によって保証された。

(18)『鉱山の歴史』八五〜九五頁。

(19)「銀山記」下。

(20)常陸時代に佐竹氏の居城したところ。二人のうち一人は太田六太夫である。彼は、徳川家康の側近で長崎奉行を勤めた長谷川藤広の旧臣ともいわれる(「日記」慶長一九・正・二七、寛永四・一二・七)。このような主筋から町肝煎や役持の地位にあったのであろう。

(21)角館一、六郷二、金沢一というように、支城ないし旧城の城下町人が大半を占める。

(22)「日記」慶長一七・三・一六の条によると、脇米▲の罪人が「能登の国之者由申間、中山八郎兵へ・のと太郎兵へめしよせ＊」様子を知らせたとある。

(23)「日記」慶長一七・閏一〇・四。

(24)「日記」慶長一七・三・三。

(25)「慶長十八年院内銀山春諸役御運上銀請取覚帳」(『梅津政景日記』一巻に収録)。

(26)「日記」元和三・四・一〇。

(27)「日記」元和六・七・二。

(28)「日記」元和七・三・一八。

(29)「日記」慶長一七・八・一の条に、塩屋は「山中ニ於ても五人三人ノ山師」とある。「日記」には、塩谷平、塩屋平の地名がみえる。

(30)「日記」によれば、一六一二(慶長一七)年、京ノ塩屋は未進負のため山奉行羽石内記から入牢させられていたが、幕府の重臣島田直時の申入れで出牢し、未進を赦され上京した。これに反し羽石内記は藩主義宣から勘当された(慶長一七・六・五、一〇・一二三等参照)。

(31)「日記」慶長一七・六・二六、七・一六。

(32)「日記」慶長一七・七・二四、二八、八・九、一八。

(33)相川金山の発見は「佐渡年代記」等では一六〇一(慶長六)年としている。麓三郎『佐渡金銀山史話』(三菱金属鉱業、一九五六年)五頁参照。

(34)「日記」に赤塚兵右衛門という山師が出てくるが、赤塚を領内雄勝郡赤塚村といちおう考え、第1表以下、領内の分に加えてあるが、「佐渡風土記」中巻慶長九年の条にある「山仕次第」には赤塚兵左衛門の名がみえ、同下巻承応二年の条の「当四月十二日相改り候銀山山主名前」には赤塚兵右衛門がある。両者同一人物とすれば、領内の地名としたことは再考を要する。しかも佐渡の有力山師で院内銀山でも有力者であったという興味ある問題になる。

「日記」慶長一九・七・一四の条によると、阿仁新金山が開かれたとき、南部領鹿角郡の白根・西道の諸鉱山から山師が金名子を連れて移動してきているが、このばあいも、南部ないし白根・西道を名乗るのではなく、本来の生国を名乗ったのであろう。

(35)「日記」元和三・三・一八。

▼郷人足《ごうにんそく》　村々の百姓に賦課されるさまざまな労役。百姓役。

▼わらじ銭《せん》　坑道における採掘・運搬などの労働に用いる草鞋《わらじ》の購入費。

(36)「日記」慶長一七・二・二九、三・一〇、慶長一九・八・二一。
(37)「日記」慶長一七・七・五、二六、慶長一九・八・一一。
(38) 少し時代は下るが、一六九〇(元禄三)年ないし一六九二年の「会津白峯銀山人足割付目録」によれば、村々に掛かる郷人足▲は、小屋掛・詰夫・道橋普請・御金荷・役人道中荷物が夫役の内容になっている(「井口文書」史料編纂所架蔵マイクロフィルム)。
(39)「慶長十八年院内銀山籠者成敗人帳」越中津兵衛内越後与左衛門以下四人に関する記事(『梅津政景日記』一巻、二〇二頁)。
(40) 同右、越後孫二郎に関する記事(註(39)前掲書二〇三頁)。
(41)「(鉱山)至宝要録」上、二、金山の詞の記事(註(11)前掲書一七頁)に、大工・掘子は坑道掘鑿のばあい、米一升扶持に給銀・わらじ銭▲を与え、採鉱のばあいは米扶持だけ与えたとあるので、掘子も給銀をうけたことがわかる。また「銀山記」中、銀山切取り御運上仕置之事の条によれば、一〇〇日の普請一〇日の切取で銀六〇貫目の利益を上げたばあい、掘子は一人銀七匁半ほどの割前を与えられている。給銀・わらじ銭の額はわからないが、七匁半の割前もともに塩・味噌・わらじ等現物給与の代りに差引かれたであろうし、本文に引用した鞴差のばあいと同様に、月々受取ったかどうか疑問である。
(42) 麓『佐渡金銀山史話』八四頁には、一六六五(寛文五)年、佐渡相川に苛酷な穿子(ほりこ)請業者があったことを記しているが、個々の山師や金名子の浮沈のいちじるしい鉱山では、債務によって掘子を縛り、暴力によって労働を強制する掘子供給業者の存在が当然考えられる。幕藩体制の確立後、都市の発達、産業の発展につれて、このような労働力の給源が乏しくなると、一方で、排水技術の改善が試みられ、他方では、近郷への高掛り夫役が課せられ、これが農民の抵抗で銭納化されると、囚人労働や都市無宿者の強制労働が始まるのである。『史話』二四九頁以下には、佐渡の水替人足について、この過程が詳説されている。

(43) 佐渡の農民で、年貢未納分を山師から借金し、その代り山師手の内の大工として働くことがあったという(『史話』八三〜八四頁)。

「日記」によると、年貢未進の百姓、運上未進の山師、役銀未進の役持町人の妻子・下人・家財の闕所売立に関する記事が多い。秋田藩のばあい、実に、算用未進の▲給人までが妻子・大小等の闕所処分にあっている(「日記」元和二・八・九)。

(44) 日傭層は債務関係からただちに半奴隷の境涯に陥ったであろう。『相川町誌』(一九二七年)所載の明暦年間の身売証文によれば、越後の多兵衛という男が、相川金山▲買石加賀の理兵衛に一〇年期で身売りし、年期あけに本銀で身請できなければ、「何方成共御売被成候共*」構わないし、不奉公等のばあい、「何様御折檻被成候共*」構わないとしているが、一度鉱山の掘子等に転落したばあい、おそらく苛酷な労働で早死するか、逃亡するかしか、抜け出る道はなかったであろう。

(45) 山師は本来、みずから鉱山についての知識や技術を身につけ、手の内の労働力を駆使して経営をする専業者であったと思われる。ところが、手の内の隷属労働者から、各層の専業者を分出するにいたり、資金をもっている者なら、その出身にかかわりなく、これらの専業者を雇うことによって山師となることができるようになったのであろう。

(46) 政景はまた、

此山之儀ハ、窪田御奉行衆為御代官、▲兵庫殿御出被成、屋敷を被渡割被下候上ハ、其身共ほしいま丶ニハ成間敷候*(「日記」慶長一九・七・一四)

として山師の金名子掌握に反対している。金名子の自立を主張する政景の論理の半面

▼**給人**　佐竹氏の家臣。

▼**買石**《かいし》　採掘された鉱石を購入、選鉱して精錬する業者。山師とともに銀山の中心となる。

＊**〔読み下し〕**　いずかたなりともお売り成され候とも

＊**〔現代語訳〕**　どこへでもお売りなさっても

＊**〔読み下し〕**　いか様にご折檻《せっかん》成され候とも

＊**〔現代語訳〕**　どのようにご折檻なされても

▼**兵庫殿**《ひょうごどの》　真崎宣廣。佐竹家中。阿仁金山奉行。

＊**〔読み下し〕**　この山の儀は、久保田御奉行衆、御代官として、兵庫殿お出で成され、屋敷を渡され割り下され候上は、その身とも恣ままにはなるまじく候、

＊**〔現代語訳〕**　阿仁金山には、久保田の御奉行衆から御代官(阿仁金山奉行)として兵庫殿(真崎宣廣)をご派遣になり、(山師らへ)屋敷地を割り渡されたのであるから、その山師らが(その屋敷地を)自分勝手に扱ってよいということにはならないだろう。

に、藩の手による鉱山の開発のばあい、山師の金名子に対する人身的掌握が排除されなければならないという論理が表裏していることは注目すべきである。

(47)　「日記」寛永二・七・一三。

第二節　鉱山町における商品流通

鉱山町が領内の上方であったのは、人口においても、商店の集中においても、町の風俗においてもそうであった。[1]「日記」慶長一七年八月一一日の条によると、院内銀山の人口は、「坊主・年より・せがれ・女」を除き三二五四人であったというから、総人口は七〇〇〇〜八〇〇〇とみてよいであろう。[2] 小葉田氏は払米高から計算して一六二〇(元和六)年から一六二七(寛永四)年以降にかけての人口を一万から七〇〇〇程度とされている。[3] 久保田城下の人口は、中期以後武士層が一万五〇〇〇、町人層が一万一〇〇〇〜一万二〇〇〇、合計二万六〇〇〇〜二万七〇〇〇を上下していたと推定される。[4] また「寛文三年秋田外町絵図」によれば、町人戸数一七八七とあるから、家族五、六人として一万内外の町人人口があったと推定される。これらと比べて、院内銀山の人口一万というのは驚くべき多数といわねばならない。院内銀山が城下町同様都市としての相貌を示していたとしても不思議はないのである。

「銀山記」には、一六〇七、八(慶長一二、一三)年、開坑当時のシルバーラッシュの状況を伝え、人跡まれな深山幽谷がたちまち山小屋一〇〇〇軒、下町一〇〇〇軒、寸

第6表　院内銀山町における商品・営業一覧表

	商品または営業名	町　名	役　銀
米および米製品	米 餅屋 興米・乾飯 糀 造酒屋 請酒	荒町？	米小売役 餅米役 興米引喰役・乾飯役 室役 造酒役 見世役
雑穀・加工品	切麦屋 蕎麦粉 小豆 菓子	河原町	} 麺類役
調味料	味噌 塩	} 味噌屋町(京町末)	見世役
日用食品 (近郷・領内)	青物・瓜屋 精進物 海魚・四十物 魚・鳥	青物町(下河原三町の内) 精進物町(　〃　) 五十集町(中河原三町の内) 中河原三町の内	} 見世役
遠隔地商品 (城下町・上方・他領)	鍋・釜 畳 瀬戸物 絹・木綿 紙 茶 砂糖 たばこ 鉛 鉄 蠟燭油	鍋屋町(京町末) 上河原町 京町末 } 上・下京町 (鉛座) 上河原町	} 見世役 たばこ役 鉛払出目運上 鉄役(床役付属)
荒物(近郷)	筵・縄 笊・松(松明？)	} 上河原町	見世役
建材(近郷)	藁・茅 材木・小羽▲	} 面役町	見世役(材木役)
選鉱・精錬業者	買石 研業者 板取 流し 床屋 灰吹屋	} 町々に散在？	 研役 板役 流役 床役(鉄・鏟役共) 灰吹役
手工業	炭灰屋 番匠 檜物・桶 鍛治屋	炭灰小路 } 町々に散在？	炭灰役 } 番匠・檜物・桶役 鍛治役
風俗営業	湯屋・風呂屋 傾城屋	 傾城町	湯風呂役 傾城役

尺の空地もない町に化したとして、町々の名をあげている。[5]山小屋は採鉱業者の居住区域で、商工業区域である下町と、本来ははっきり区分され、両者の間に番屋が置かれていたようである。採鉱の中心が移動するにつれて山小屋も下町も中心が移動し、山小屋のなかにも町家が建てられ、区分が分明でなくなったらしい。[6]しかし両者はおおむね区別され、また下町も、城下町のように、同業者ごとに町を形成していたようである。以下、下町を中心にどのような商品流通がおこなわれていたか表記しよう。[7]

第6表の示すように、院内銀山町には、鉱山業の必要をみたすだけでなく、当時の都市生活の必要をみたすに十分な商品流通が存在し、諸営業が店を張り、城下町同様の賑わいであったことが想像される。正に、＊〔補注〕前章でみた全国からの資本と技術と労働力の流入に対応して、商品の流れは近郷からだけでなく、領内一円、さらに城下町、湊を通じて他領・上方までに及んだ。

以上のような商品流通は、鉱山町内部では、どのようにしておこなわれていたであろうか。これを追究するために、一六一二(慶長一七)年の「日記」[8]にみえる町定一件を検討してみたい。

一六一二年、院内銀山は坑内増水等のため山況悪くなり、また採鉱の中心が移動したこともあって、従来の町人町の中心部分のうち、河原町は衰微した。とくに、千枚《せんまい》平《たいら》の間歩持《まぶもち》の年寄山師大津弥右衛門が出牢し▲採掘を再開して以来、青物店がその居宅の近くに移転したため、明《あき》屋敷が多くなった。山奉行の政景は、明屋敷に店をつくらせようと町の者にはかったところ、町の者は、商品を定め、脇売▲を禁止すれば、店

▼**小羽**《こば》　木っ端(木の葉や木の切れ端)のことか。

＊**〔補注〕**　初出のまま。本論文は『国民生活史研究』二巻(一九五九年)に掲載されたが、その一つ前の論考・伊東多三郎「近世初期の貨幣問題管見」を示す。

▼**大津弥右衛門**《おおつやえもん》**の出牢**　未詳。同年三月二五日、三〇日の「日記」に弥右衛門の間歩における坑道から採掘された鏈(鉱石)を大量に隠匿した事件が記される。この事件により牢に入れられた者か。

▼**脇売**《わきうり》　定められたルート以外で売買すること。

を建てると申し出た。政景はそこで、六月二六日、上・中・下河原町、面《つら》役町、京町末のそれぞれに商品を定め、七月一六日以降、「脇々ニて売買ましきよし」*町定の札を建て、問屋ばかりでなく、小売にいたるまで取締った。もっとも町定はこれが初めてではなく、前奉行の羽石内記は、味噌屋町の要求をいれて、すでに他の町では、問屋二、三を除いた塩・味噌の二品の売買を禁止していたので、二品については再確認したことになる。

ところが、これに対し、四つの方向から支障が出た。町々の商品を定めた三日あとの六月二九日には、上河原町の扱いとした松・請酒▲を、「山之つまり▲」になるからとして解除し、「平売▲」にしているが、おそらく、山師・金名子等から苦情が出たためであろう。

第二は、床屋からの苦情であった。それは、一六〇八(慶長一三)年以来、鉄は床屋だけが十分一の外で買入れて使っており、このため鉄役は床役▲に付属していたのに、「一両年ハ商人山ニて商売仕ニ付て」*迷惑だというのである。政景は、そこで、鉄の仕入れは床屋に独占させたが、さらに小売まで小売役を納めて独占したいという床屋の要求はしりぞけ、小売については平売を命じた。

第三は、七月二六日、十分一入役▲を納めて外から銀山町に売込む者たちが、「川原町肴・あを物ミせ相定てい来…山ニてやすくかハれ、迷惑」*と訴え出てきたことである。政景が両町の者を呼んで訊くと、肴町の者は、山が不景気で店の品も売れないから、肴は不用なのだと答え、青物町の者は、自分たちが安く買っているのでなく、振

*〔読み下し〕　脇々にて売り買うまじき由

*〔現代語訳〕　町定で認められた町以外(脇々)で、定められた商品を売買してはならない旨　↓Ⅱ部一〇六～一一三頁、史料研究ノート1。

▼**請酒**《うけざけ》　酒屋から仕入れた酒を小売りすること。

▼**山之つまり**　院内銀山の困窮。

▼**平売**《ひらうり》　制限のない売買。ここでは町定めに対する用語。

▼**床役**　銀の精錬施設(床)に課される役金。

*〔読み下し〕　一両年は、商人、山にて商売仕るについて

*〔現代語訳〕　一～二年の間は、商人が山小屋のある町に来て商売するので

▼**十分一入役**《じゅうぶいちいりやく》　院内銀山入り口にある十分一番所で、山内に入る物品に課す税。

*〔読み下し〕　川原町、肴・青物店定めて以来、…山にて安く買われ迷惑、

*〔現代語訳〕　(七月一六日に町定により)肴や青物を扱える店が川原町のなかに限定されて以来、…山内で安く買われて迷惑である。

売▲の者たちが買っているのだと答え、これに対し、政景は、振売といっても「其町より出るふりうりの事」*だから、振売も店持《たなもち》も従来どおり売買するように申し付けた。すなわち、一つは肴屋のいうことから推定できるように、品が売れないからといって仕入値を叩くことであり、他は、青物町の者のいうように、店持はおそらく口銭取▲の位置に立ち、振売に直接買叩かせることであった。すなわち、十分一税を納め商品を持ち込む者たちは、買手を特定の町の店持、ないし、その店持に従属する振売に限定されることによって「やすくかハれ」、ついに訴え出たのであった。

第四は、「山中家持者共」からの陳情であった。一〇月三日、彼らは、「うりミせ定候て、不自用ニ候間、あけ候様ニ」*と訴え出た。政景は、山小屋から遠い町々を栄えさせるためとった措置だから、その町々を含めて、今後町定の願を出さないという連判伏を出せば、「惣山中おしこミに」*売買自由にしてやると申付けている。

政景が河原町等のさびれ恢復のために打った手は、根本的には山の不況ということが条件となって成果が上らぬうえに、上述の四方向からの支障や反対に遭って、撤廃のやむなきにいたった。しかし、採掘の中心に近い千枚口ばかりは、他の町々のさびれをよそに盛況をきわめていたので、けっきょく、ここだけ、魚・鳥・精進物▲・塩噌の店売《みせうり》を禁止する措置によって、他の町々の利益を守ることにした(9)。

以上の町定一件▲を通じていえることは、山況が悪くなると、店持の一部から市場独占の要求が出てくるが、けっきょく、「山中家持」全体の利害に立った「惣山中売買自由」の原則が優先されるということであり、藩権力は、そのばあいに、諸営業者間

▼振売　常設の店舗以外で路上や広場、あるいは移動しながら小売りする商人。

＊〔読み下し〕　その町より出る振売のこと

＊〔現代語訳〕　振売は、町定で特定された町内で商品を仕入れ、他町に売り歩くものだから

▼口銭取《こうせんとり》　問屋・仲買などが売買を仲介する商品に一定の割合で手数料を賦課すること。

＊〔読み下し〕　売り店定め候て、不自用に候あいだ、明け候ように

＊〔現代語訳〕　(七月一六日以来の町定で)特定の品目を扱う店がそれぞれの町に限定され、商売が不自由であるので、町定を止めるように

＊〔読み下し〕　惣山中押し込みに

＊〔現代語訳〕　院内銀山町全体で一斉に

▼精進物《しょうじんもの》　植物類の食べ物。

▼町定一件　→Ⅱ部一〇六〜一一三頁、史料研究ノート1。

の利害対立のいわば調停者の位置に立っていることである。

一部の市場独占を排し、山中の全営業者の間に対等な競争関係を保たせることは、藩としては運上・諸役確保のための有効な手段でもあった。貧弱な鉱山にあっては、▲前懸金を積んだ請主《うけぬし》に全山の支配・経営をまかす請山制度のほうが簡単であったが、豊かな鉱山にあっては、藩が直接支配する直山《じきやま》(奉行山)制度をとった。直山にあっては、運上・諸役ともに競《せり》入札によって山師・町人に持たしめた。[10] まず、素普請すなわち坑道掘鑿については、鉱脈に達したばあい一〇日一日の割で採鉱権を与えることを条件に、運上銀高を競らせた。ついで切取普請すなわち採鉱に当っては、おおむね一〇日ごとに区切って運上を競らせた。諸役のばあいは、たとえば、床役は一六一四(慶長一九)年には大床一間一ヵ月五〇匁七分ときめたように、藩が個々の▲役屋の負担を公定したが、役銀の徴集は役持に委ね、春秋二度、山師・町人に役銀納入高を競らせ、最高額の者に役持の特権を与えたのである。いってみるならば、運上・諸役の徴集自体をも、山師・町人の競争関係に投じたのである。前節で述べたように、金名子が運上競に参加するばあいも当然ありうるのであり、しかも、このばあい、金名子が同業者としての結束によって談合入札するのを排するため、五人組をつくらせ、競争関係を設けたうえで運上競をおこなわせていることは、自立した営業者間の競争関係の存在が、運上・諸役銀徴集の有効な手段であったことを示している。このことは、「とかくせりあひての多ク御座候ほと、御運上ハ上り申かと存候」*[11]という政景の言葉にも端的に表現されている。

▼前懸金《まえかけきん》　経営の請負金の一部を事前に支払ったもの。

▼役屋《やくや》　役の負担者。

＊〔読み下し〕　とかく競り相手の多くござ候ほど、御運上は上がり申すかと存じ候、

＊〔現代語訳〕　何はともあれ、(運上金入札への)競りに参加する者が多いほど、運上額は高くなると存じます。

致富を求めて全国から鉱山町に集まってきた諸々の営業者たちは、相互の関係として「惣山中売買自由」の原則を打出したが、藩権力は彼らの利害対立には調停者としての位置に身を置きつつ、この原則と表裏する彼らの競争関係を、運上・諸役の有効な徴集手段に利用したのであった(12)。

しかしながら、いかに営業者たちの競争関係に即した競持《せりもち》制度▲をとったにせよ、運上・諸役は、けっきょくのところ、「惣山中売買自由」の原則を、いわば不妊症に閉じ込めておく重圧であることに変りなかった。(一)諸運上とよばれる間歩運上・研役・鑿脇役▲、(二)諸役運上とよばれる商・工の諸営業税、(三)入関税である入役・面役(13)、(四)地子▲、(五)山役である鐇鉈役▲・炭竈《すみがま》役等、要するに藩は、鉱・工・商のあらゆる営業に対し課税し、この課税を負担する者を役屋として判札を与え、営業の自由を保証したのである。これらの運上・諸役のうち、山役を除くものが幕府への運上として提出されたのである(14)。院内銀山の運上・諸役を「日記」から摘録したものが第7表である。すなわち年間銀五〇貫から二〇〇貫という多額の課税の下での営業の自由であったのである。

ところが、営業への重圧はこれにとどまらなかった。というのは、鉱山町でもっとも多い消費物資である米・鉛がともに藩の専売品であった

▼**競持《せりもち》制度**　役の請負額を複数に競合させ、最高額の者にその権利・義務の担い手を決定する仕組み。

▼**鑿脇《のみわき》役**　鑿脇は未詳であるが、道研役とともに請け負われたことから、坑道内で発生する研(穴研)のことか。

▼**地子**　家の建つ町屋敷を所持する町人に対し、間口に応じて賦課された。借屋経営への課税と考えられる。

▼**鐇鉈《よきなた》役**　薪を伐採する用具に賦課される税。

第7表　院内銀山の運上・諸役

（銀）

1615年	△203,000匁
1617	△70,000
1618	97,519.5
1620	△154,100
1621	133,160
1626	123,305.9
1630	58,584.3
1631	50,137

△印は実際の運上・諸役ではなく，幕府への提出に当り端下を出さないための操作をした額である。

▼**平米相場**《ひらまいそうば》　秋田藩領内での小売米相場。

*〔**読み下し**〕扇一本のてい

*〔**現代語訳**〕全てを失い扇一本しか残らない状態

*〔**読み下し**〕御運上負い七・八人、飢え死に申し候(間)

*〔**現代語訳**〕(山中から出ることを禁じられた)運上を未進している者七・八人が飢え死にしました

ということである。「日記」元和四年二月二一日の条によると、在郷の平米相場▲は、仙北では高口一俵四匁五分、阿仁では安口でも七匁であったが、これに対し、払米公定値は、院内銀山では一俵九匁一分、阿仁金山では一一匁であった(15)。鉛も同様に領内一般の相場よりも一段高い公定値で売却された。このように米・鉛の高い公定値を維持するためには、脇米・脇鉛を死罪をもって厳禁する必要があった。

「日記」元和六年九月三〇日の記事によれば、その年の正月から九月までの院内銀山の収入がわかるが、この割で年間の収入を算定してみると第8表のようになる。これによれば、米・鉛それぞれ公定値が相場の倍と想定すると、合計三〇〇貫目ほどの余計な支払を山中の営業者たちは強制されたことになる。米・鉛の藩専売制度が運上・諸役とともに、山中営業者たちの余剰をすべて奪ったであろうことは想像に難くない。そこで、山況不振ともなれば、山師も役持も、未進負として山中に緊縛され、「御質屋」に書入れた妻子・家財のすべてを奪われて、「扇壱本之体」*(16)とか、「御運上負七八人かつへ死申候」*(17)とかいう悲惨な状況になったのである。このような状況の下では、彼らに従属した大工や、「下人同様」

第8表　1620(元和6)年院内銀山運上諸役米鉛払代銀表

収入費目	正月～9月間銀高	年間銀高
諸運上	7,117.匁　3	(9,489.匁73)
		154,100*
諸役運上	57,767.　45	(76,689.　93)
山役銀	12,075.　2	16,100.　26
米払代銀	239,501.　48	319,335.　30
鉛払代銀	219,467.　8	292,623.　73

*第7表参照。諸運上・諸役運上については正月～9月間の数字を基礎に算定した数字を(　)内に入れた。実高といちじるしく違うのは10～12月は春役未進分と秋役の取立が重なるからであろう。

の掘子たちが、人身売買の対象となったことは当然であろう。

　一六一七（元和三）年、院内銀山は山況不振のため餓死者も出る始末で、未進負の者たちは、「院内、湯沢へ罷出、少もあきないをも致、死命つなき」＊(17)たいと願い出たが、藩は未進負の故をもって許さなかった。しかし未進負でない限り鉱山町を出入することは出判さえうければ自由であり、持参の商品についても、持込のばあい、十分一入役を課され、持出のばあい、使用中の生産用具が禁制となっていたほか、「天下一同ニ商人之道具留置事無之」＊かったのである(18)。したがって当然、鉱山町は近郷を商品流通にまきこんだ。院内銀山のばあいも、十分一番所の外、長倉、上院内、下院内(19)、横堀、小野と町続きとなり、院内銀山が盛りの頃は、銀山町に住みきれない営業者たちが、これらの町々にみち溢れていた。「慶長十八年春諸役請取覚帳」によると、「院内・小野・横堀灰吹役、長倉より院内迄川研役」があるので、研業者や灰吹屋もあったことがわかる。したがって、銀山町の延長として商店も傾城屋も並んでいたから、酒役、見世役、傾城役が課されているのである。

　役銀の種類も少なく、鉱山町のように出判制度の緊縛もないこれらの町々では、鉱山町以上の繁昌がみられたであろうか。また、鉱山町の商品流通にまきこまれたこれらの町々の町人や近郷の農民が、商品生産者として発展しえたであろうか。第6表の商品のうち、これらの地域の町人・農民の手で生産・販売されたものは、青物・精進物・魚・鳥の一部、藁製品から味噌・酒ぐらいのものであろう。酒を別として、耕地少なく、積雪期間の長いこの地域では、これらの商品の生産を発展させる自然的条件

＊〔読み下し〕　院内・湯沢へ罷り出で、少しも商いをも致し、死命を繋ぎ（申したき由申候。）

＊〔現代語訳〕　（山内から）院内町や湯沢に出て少しでも商売し、命を長らえ（たいといった。）

▼**商人之道具**　商人が営業に用いる売場・容器・算盤・帳簿・筆記用具などの総称。

＊〔読み下し〕　天下一同に、商人の道具を留め置く事、これなく、

＊〔現代語訳〕　日本国中で、商人が移動するとき、道具を一緒に持ち出すことを禁止されることはない。

▼**長倉《ながくら》・上《かみ》院内・下《しも》院内・横堀《よこぼり》・小野《おの》**　支城城下院内町とその近隣の集落。支城所預りの支配下にあり、いずれも院内銀山の外部にあって町屋を有す都市的な場であったとみられる。

▼**見世役**　銀山町近くの院内などでは店舗（売場）を所持する町人に賦課された。院内銀山町では十分一入役を商人に課したので見世役は免除された。

もなく、作間稼の振売で利益を得た程度であろう。しかも十分一税を課せられたから、商品販売者として得た利益の残りは、年貢の重圧を支えるにやっとであったと思われる。

仙北一帯に拡げて問題を考えてみても同様であったであろう。仙北三郡▲は藩内でもっとも米生産の進んだ地帯で、阿仁金山の払米までが仙北から運ばれていたほどであった。しかし、院内銀山の存在は、農民の余剰米販売にとって、それほど有利であったとは思われない。銀山町は厳重な払米制度▲があり、蔵米▲や給人知行米▲がこれに当てられたのである。銀山に接続する町々でも、一六一二(慶長一七)年までは払米制度が存在していた。この段階では、銀山町と比べて、たとえ米番所▲があったとしても、脇米は容易であって、農民の余剰米販売の有利な抜道になったと考える。現に一六一二年には院内における払米の小売が売れないので、米小売役も売次第に納めればよいことになっていたが、これさえも不可能になったことは、給人や足軽の知行米とともに、脇米が盛んであったことを物語るのであろう。しかし、山奉行政景が院内に対する払米対策として、上下院内、長倉の全住民を門帳▲につけ、強制売付を強行しようとして反対に遭い、けっきょく、蔵米一ヵ月一〇〇俵運搬の夫役を代償として、住民の「平米」要求を認めて落着したことから、農民たちは有利な脇米もできなくなって、却って不利をまねいたのではないかと思われる。この一件で「平米」要求をかちとったのは、「百姓」として出てくるが、銀山町の延長である町々の店持に違いなく、「平米」要求は余剰米販売農民としての声ではなく、飯米購入者としてのそれであったとすべ

▼**仙北三郡**《せんぼく》　横手盆地の仙北・平鹿《ひらか》・雄勝《おがち》の三郡。

▼**払米制度**《はらいまい》　山内で藩米・大豆を他所より高額で強制的に購入させる専売制度。

▼**蔵米**《くらまい》　秋田藩の蔵入米。院内銀山内を始め、院内・久保田・湯沢・湊(土崎)・横堀などにある御蔵におかれた。

▼**給人知行米**《きゅうにんちぎょう》　秋田藩家中に与えられた知行地から収得された年貢米。

▼**米番所**《こめばんしょ》　米の流通を監視する役所。口留番所など。

▼**門帳**《かどちょう》　村や町を単位に、百姓・町人の構成を一軒ごとに記した帳簿。

きであろう。[20]

こうして、銀山町と違って、接続の町々では米専売制度が廃止され、この点で、銀山町で食いつめた者たちが「あきないをも致、死命をつな」ぐには、銀山町より有利であったかも知れない。しかし、ここでの「あきない」は銀山あってのそれであり、銀山とともに浮沈するものであった。一六一七(元和三)年、院内銀山がいちじるしく不況となると、小野・横堀・院内の諸役の役持を山師・町人が引請けず、院内町一町の者が談合して少額に請負っていたので直役に召上げたが、[21]このように、銀山の不況は真先にこれらの町々に影響を与えたのである。

以上、院内銀山町における商品流通について述べたが、要するに、城下町に匹敵する厖大な人口を集中しているだけでなく、鉱・工・商の自立した営業者の関係として成立した鉱山町では、「惣山中売買自由」の原則のもと、近郷・領内はもちろん、他領・上方からの商品も流通し、いわば領内の上方ともいうべき様相を示していたこと、しかし、もっとも多量な商品である米・鉛の藩専売制度は、自立した営業者の競争関係を利用した運上・諸役とともに、「自由」な商品流通にもとづく鉱・工・商の営業の発展を抑えてしまったこと、また、鉱山町が近郷を商品流通にまきこんでも、自然的悪条件と年貢の重圧のもとでは、農民の商品生産者としての発展の展望はなかったことが、近世初期秋田藩の鉱山町における商品流通の性格であったと思う。

(1)「京江戸にも無御座程」(「慶長年録」)といわれる佐渡相川の繁昌については、麓『佐

*〔読み下し〕・〔現代語訳〕
→四三頁頭注。

▼直役《じきやく》に召上《めしあ》げ　役の徴収を、山師・町人らによる請負によらず、山奉行が直接行うこと。

▼慶長年録　『内閣文庫所蔵史料叢刊』六五に収録。慶長一四〜元和九(一六〇九〜二三)年。

渡金銀山史話』八七～九九頁に詳しい。

(2) 一六一二(慶長一七)年はすでに湧水等のため、開坑当時に比べ鉱産衰え、人口は減っていた。開坑当時の人口について、「銀山記」上、山師金名子寸甫大工掘子員数の事には、

山師　三六　金名子　一〇八　手代　一六四　寸甫　五〇〇余
大工　二二〇四　山留等　七〇〇余　掘子・油通・たかね通等　三三〇〇余

とある。のちの記録なのでそのまま信頼できないが、以上で七〇〇〇を超し、このほか町人やそれぞれの家族等も加えれば、一万五〇〇〇～二万に達したことになる。

(3) 小葉田「院内銀山の研究」第四章一、町の成立(『史林』三八巻五号二八頁、『日本鉱山史の研究』所収)。

(4) 久保田城下の武士とその家族の人口は、一七四七(延享四)年一万四六一六、一八五〇(嘉永三)年一万五六六二、町人とその家族は、一八四四(天保一五)年一万一四五〇(久保田・湊町人合計、一七四七年二万一三一三、一八四四年二万四一三一)であった(『秋田沿革史大成』下〔一八九八年〕、附録一二一頁以下)。

(5) 「銀山記」上、銀山開初之事。

(6) 「日記」慶長一七・一〇・二三に番屋の辺りにできた七軒の町家のため、番屋をあらたにつくり、境界をあきらかにするよう命じている。また元和六・九・二八に、

慶十四五ノ時分ハ、炭やき沢ニハ、すミやきより外、山仕・町人壱人も無之処ニ、家数三十余り出来至候、*

とあるなど、山小屋町・町人町が混雑していたことがわかる。しかし、元和三・七・一七に掲げる〔杉沢金山〕制札によれば、「山師町人入籠ニ小屋不可懸事」*と明示している。

*〔読み下し〕 慶(長)十四・五(年)の時分は、炭焼き沢には、炭焼よりほか、山仕・町人一人もこれなきところに、家数三〇余りでき至り候、

*〔現代語訳〕 慶長一四・一五年の時には、(山小屋にある)炭焼き沢町には、炭焼きの者以外に、山師や町人は一人も住んでいなかったが、(元和六年の今では)家数が三〇軒余りにもなっている。

*〔読み下し〕 山師・町人、入り籠めに小屋懸くべからざること(制札)、

*〔現代語訳〕 山師と町人とが入り組んで小屋がけをしてはならない。

(7) 第6表は「日記」、「慶長十八年春諸役銀請取覚帳」および「銀山記」からつくった。
(8) 「日記」慶長一七・三・二八、三・二九、六・二六、六・二九、七・五、七・一三、七・二六、八・五、八・二五、一〇・三、一〇・二三。
(9) 「日記」慶長一九・六・二二によると、五十集町の者が四十物▲の出店を千枚町向に出そうとし、不許可となっているので、千枚口商品制限は当時なお厳重に守られていたことがわかる。
(10) 「日記」寛永四・八・四によれば、山師たちは絹布・木綿・紙・茶等の売買が京町に独占されていることは不便だからとして振売を要求した。政景は久保田城下町でも町の定めはあるが振売自由だからとして、これを許可した。京町の扱い品は上方商品であるため、一六一二(慶長一七)年の惣山中売買自由の原則からは外されていたらしいが、これさえもついにこの原則の前に否定されたのである。政景は城下町との外形的な比較で問題を処理しているのであるが、両者は、誰が売り、誰が買うのかという点で、大きな差があった。両者ともに米の売手が主として藩であったという点では同じであったが、商工の商品の主な買手が城下町では藩と家臣団であったのに対し、鉱山町では営業者相互であったということ、これである。
(11) 「日記」慶長一九・七・一二。競相手の多いほどよいということは、次の事実からも示される。院内銀山には、はじめ「御切山」といって、採掘した鉱石を一定比率で藩に納めさせる「掘分山《ほりわけ》」が存在したが、「日記」によれば、慶長一七・六・一〇に廃止され、「平山」として、全山「運上山」となった。また「(鉱山)至宝要録」上(『日本科学古典全書』一〇巻二一〜二二頁)に、掘分山のばあい、採掘額のごまかしが多いうえに、敷主《しきぬし》(前懸金を積んで、採鉱の権利を獲得したもの)が固定しているため、運上山のように山師たちがつぎの競入札を待機して集まり、「其者御払米買喰ふ」*

▼四十物《あいもの》 塩や乾燥により保存加工した魚。五十集《いさば》(鮮魚)に対していう。

*〔読み下し〕 その者お払い米買い喰う(故に徳も有り、)

*〔現代語訳〕 (運上山では、集まってきた)山師たちが御払米を購入して食べる(ので、藩にとっては得となる)

こともないから、けっきょく損だとしている。

(12) 直山のばあい、諸役についても直役にするばあいもあり、「日記」によれば山況悪化して競相手なきばあいは、山先等の有力山師に請負わせるか、直役にするかしている。しかし、直役にしたばあい、藩と鉱山の営業者たちとの利害は直接的となり、減免運動の対象とならざるをえない。そこで、競持制度は、山況の浮沈による、藩と営業者たちの利害対立の、いわばクッションとしての一面もあったと考える。

(13) 入役は十分一番所を入る商品に対し、評価額の十分一をとるもの、面役は、面役場で入山者に課する人頭税。

(14) 金山のばあいは両替といって、産金全部を相場より有利な比率で買上げ、幕府に運上した。

(15) 院内銀山一俵九匁一分は銀一貫目六〇石に当る。阿仁金山〔一俵〕一一匁は〔銀一貫目あたり〕五〇石に当る。

(16) 「日記」元和三・三・二。

(17) 「日記」元和三・一二・七。

(18) 「日記」元和三・七・三。

(19) 院内には、箭田野義正▲が「所預り▲」として院内給人・足軽衆を率いて住み、雄勝境の防備と地方の支配に当っていた。上下院内町は、いわばその支城の城下町として、また出羽街道の宿駅として、本来、町屋をなしていた。院内銀山奉行としては、銀山町の延長としての側面で役銀徴集に当ったが、地方に対する支配の権限はなかった(「日記」慶長一七・五・五)。

(20) 「日記」慶長一七・三・二二、二五、四・一二、六・一〇、七・五、七・一二。

(21) 「日記」元和三・二・二七、二八。

▼**箭田野義正**《やだのよしまさ》　一五六五〜一六二三。佐竹氏家臣。

▼**所預り**《ところあずかり》　秋田藩内におかれた一二ヶ所の支城駐屯地をそれぞれ管轄するためにおかれた家臣。本文六九〜七一頁を参照。

むすび——鉱山町の歴史的性格

以上、院内銀山町の住民構成の分析と、院内銀山町における商品流通の分析という二つの方向から、幕藩体制社会の形成過程における秋田藩の鉱山町成立の諸条件について追究を試みたが、最後に、そのうえに立って、近世初期秋田藩の鉱山町の歴史的性格について若干考察を加えたい。

秋田藩は、関ガ原で日和見した佐竹氏が、常陸の故地から、秋田・仙北六郡の地に処罰的転封を強いられたことによって成立したのだが、秋田・仙北の後進的な諸条件のうえに、幕府からの軍役と藩制確立のための莫大な財政支出を負担しつつ、藩建設をすすめるに当って、幕府からの鉱山資源の採掘・運上を義務づけられたという事情がまず第一に考慮されなければならない(1)。この点だけからみれば、秋田藩財政にとって、厖大な年貢米や夫役の投入を必要とする鉱山開発は、大きいマイナスであったはずである。

この金銀山運上は、藩に恩賜される慣例であったので、けっきょく収支相償うことができたが、それ以上に、秋田藩では、米・鉛の専売制度とくに蔵米の高値の払米制度をとることによって、鉱山開発を財政負担から一転して巨大な収入に転じたばかりか、藩建設に当っての財政上の難問題、すなわち年貢米市場確保という問題の解決をはかることができたのである(2)。

このような払米制度は、じつは秋田藩だけに限らず、年貢米市場確保という同じ難問題をかかえた諸藩で、ひろくみられたところであった。しかしこの政策は、第二節でみたように、鉱山の住民にとっては重い負担となったのであり、鉱山政策それ自体としてはふさわしいものではなかった。佐渡の金銀山では、これと逆に安米制度がおこなわれたのであって(3)、鉱産の増大を第一とするならば、当然、高値の払米制度と矛盾せざるをえない。一六二八(寛永五)年五月、院内銀山の山師の米・鉛値下要求を裁いた惣山奉行政景は、「御米鉛何程やすく売候而も、間歩普請出来不申候而ハ、山さかる事有之間敷」*として、値下げを認める交換条件として、「山師ニ無之町人迄、間歩普請懈怠なきやうにすけをくわへ候ハんと、書付可出」*と命じているように(4)、鉱産の増大と払米制度とが矛盾したときには、秋田藩においてもけっきょくは払米制度を犠牲とするほかなかったのである。

　払米制度のうえからも、「人ハ山、山ハ人」(5)であったが、第一節でみたように、鉱山町は、幕藩体制形成過程の先進的諸条件と厖大な労働力との、社会的分業の自然発生性をとびこした集中が必要であったという意味でこそ「人ハ山、山ハ人」であった。すなわち、この段階の鉱山は、もはや地表の鉱脈を露天掘するのではなく、長大な坑道、疏水坑等大規模な掘鑿工事を伴い、この点で、第一に巨大な資金を、第二に先進的掘鑿技術を、第三に厖大な労働力の集中を必要とした。また製錬においても、生産用具の厖大な消耗に対応するためにも、先進的手工業技術の集中が必要であった。佐渡の安米制度こそ、このような必要と合致する鉱山政策であったはずである。

　秋田藩が、一方で、佐渡におけるよりも(6)、金名子の自立をいっそう促進したり、ま

＊**〔読み下し〕**　御米・鉛いかほど安く売り候ても、間歩普請でき申さず候ては、山盛ることこれあるまじく(と存じ候様子、何れにも申しきかせ候えば、尤の由挨拶致し候。)

＊**〔現代語訳〕**　藩米や鉛を、(藩から)どれほど安く売っても、坑道掘鑿が完成しなければ、銀山が栄えることはありえない(ということを、山師や町人ら複数の者に申し聞かせると、「その通りです」と返答した。)

＊**〔読み下し〕**　山師にこれなき町人まで、間歩普請懈怠なきように、助を加え候はんと、書付出すべし、(左なく候は、間歩普請致し候山師共に御米ばかり借し候はんと存じ候、其故は…)

＊**〔現代語訳〕**　山師でない町人までからも、「坑道掘鑿工事が滞らないように、手伝います」と誓約する証文を提出せよ。(そうでない場合は、坑道掘鑿工事をする山師らへ、藩米を貸し付けるだけになろう。その理由は…)

▼横物成・山川徳用金銀　→2章八九頁頭注。

た、「惣山中売買自由」の原則のもと、鉱山町の諸々の営業者たちの自立を保障したり、進歩的な鉱山政策をとったのは、もちろん先進的諸条件の集中を第一に考えたからであったに違いないが、また米・鉛の専売制度という、これと矛盾した政策を、藩財政の必要からとらざるをえなかったことから、かえって営業者たちの自立の保障を強く意識したからではあるまいか。しかも、財政上の必要は、この営業者たちの競争関係をも、運上・諸役徴集の効果的手段として利用させ、このことがまた逆に山況の不振に際しては、不況を倍加する条件として作用したのであった。

ともあれ、近世初期秋田藩の鉱山町は、秋田藩が後進的な諸条件を克服しながら藩制を確立するに当って、その財政上に占める比重の大きさの故に、さまざまの重みを担わせられながらも、幕藩体制形成過程における先進的諸条件を集中していた点から、正に領内の上方と呼ぶにふさわしかったということができよう。

(1)　「日記」元和三・七・一に、政景が杉沢金山新見立についての争論を裁いたことばのなかに、「山ハ天下之御山なり」とあるが、江戸幕府は、豊臣秀吉が貴金属鉱山をすべて天下、公儀のものとし、直轄鉱山でないものも、領主に預けるというかたちで運上を課したのを、そのまま踏襲していた。

(2)　前掲第8表のように、一六二〇(元和六)年の院内銀山米・鉛払代銀の合計は、およそ六〇〇貫目と推定されるが、これは一六一九(元和五)年の秋田藩における横物成▲・山川徳用金銀▲合計一三二三貫余(「日記」元和六・閏一二・一一、一二)の半ばを占めていたこと、また、一六二〇年一万四〇〇〇石ないし一六三一(寛永八)年八〇〇〇石の間に分布する院内銀山の払米（小葉田「院内銀山の研究」第四章、一、町の成立）は、年間五万石程度と推定される蔵米収入（「日記」元和四・六・一八）と比べ、驚くべき比率を示していることから、こう断定してよいであろう〔本書Ⅰ部2章参照〕。

（3）麓『佐渡金銀山史話』一一五頁。

（4）「日記」寛永五・五・一。

（5）「日記」慶長一九・七・一七。

（6）前述の阿仁新金山町割に際して、政景がとった金名子自立策に反対し、山先が、「佐州なとニてハ、すは町・弥十郎町・ゆふはく町なと〻申候ハ、其身の金子を壱町ノ内ニ差置*」いていると抗議している（「日記」慶長一九・七・一四）。

＊〔読み下し〕佐州などにては、諏訪町・弥十郎町・夕白町などと申し候は、その身の金名子を一町の内に差し置

＊〔現代語訳〕佐渡相川金山などでは、諏訪町・弥十郎町・夕白町などというう町々では、山先に所属する金名子を町内にまとめて居住させ

【2章　秋田藩成立期の藩財政　要旨】

常陸《ひたち》の旧族大名佐竹《さたけ》氏が関ヶ原合戦での対応を問題とされ、大幅に減封《げんぽう》のうえ転封されることでできたのが秋田藩である。羽後《うご》地方は、それまでいた領主たちの家来が土豪《どごう》として広汎に残るという、兵農分離《へいのうぶんり》未確立の後進地域であり、そこに藩政を打ち立ててゆくようすを、藩財政をとおして見たものである。藩財政の全体像を、しかも藩政成立期について明らかにした先駆的な研究として知られている。それを可能にしたのも、依拠する『梅津政景《うめづまさかげ》日記』が財政関係の記事を豊富に含んでいたことによる。

藩財政のうち支出面で最大のものは、幕府から課された過重な軍役であった。それには戦陣への動員ばかりでなく、普《ふ》請役《しんやく》や参勤交代、さらには領内産材木の拠出なども含まれており、巨額の負担を強いられた。また「占領軍」として領内を抑えるための支城駐屯地や城下町の建設、あるいは生産力水準の立ち遅れを克服するための諸普請などへの支出も必要だった。それらを家臣や領民の軍役・夫役《ぶやく》が支えていたことは、幕府軍役への対応と共通していた。その他、技術力に勝る上方《かみがた》から、鉄砲などの武具を購入しなければならず、そのことは幕府に対する藩の力関係を弱くするものではありつつ、藩の家臣団に対する専制権力の条件ともなるものだった。

これら巨大な藩財政の負担を基本的に支えたのは、農民からの搾取と収奪だった。とくに軍役負担があるなかで、夫役は現実的な搾取方法としてあった。また蔵入地《くらいりち》から徴収した年貢米を換金するうえで、北海路《ほっかいろ》を介して上方と結ばれていたことは所与の有利な条件ではあった。ただし大坂という中央市場の確立していないこの段階にあって、上方への販売を十分に行えたわけではなく、年貢米は領内における米の需要地、すなわち鉱山に働く人たちや材木伐採のための飯料《はんりょう》などとして処理されねばならなかった。いわば領内の「上方」が必要だったわけである。また家臣団も自らの知行地からの年貢米を換金する必要があり、そのために駐屯する支城城下町で販売していたが、藩の年貢米処理と競合することもあった。

ただし、そもそも藩の直轄地が十分ではなく、しかも生産力も低いなかで年貢収入だけに依存することはできなかった。一方で夫役の確保がはかられるとともに、鉱山からの運上《うんじょう》、材木の販売などといった商品流通への寄生が、藩財政にとっては大きな意味をもっていた。水田の造成による生産力の向上、米市場の確立といった条件が満たされない段階での特有なあり方だった。

（森下　徹）

〈山口啓二論文〉

2章　秋田藩成立期の藩財政

第一節　成立期の藩財政を規定した諸条件

秋田藩は一六〇二(慶長七)年、佐竹氏▲が常陸から羽後▲に国替させられたことにより成立した。

佐竹氏は中世初頭以来常陸北半に蟠踞し、守護から守護大名に、さらに戦国大名に成長し、ついに幕藩体制下の大名として生きのびた点で、薩摩の島津氏と比べられる旧族大名である。このことは藩権力の主体的条件として第一に考えねばならぬ。一五九五(文禄四)年、秀吉から与えられた佐竹知行割朱印状(1)によれば、

〈佐竹知行割之事〉

一、拾五万石　此内五万石御加増　義宣▲
一、拾万石　無役 此内九万石御加増　内義宣蔵入▲
一、五万石　無役 此内四万石御加増　義重▲
一、六万石　此内壱万石無役 此内五万石御加増　佐竹中務大輔▲
一、拾六万八千八百石　此内四万石御加増　与力家来

（下略）

▼**佐竹氏**　新羅三郎義光《しんらさぶろうよしみつ》が常陸介《ひたちのすけ》として下向、子孫が常陸国久慈郡佐竹郷に土着した。鎌倉幕府の御家人、守護をへて、豊臣政権下での有力大名としてあった。

▼**羽後**　現在の秋田県にあたる。出羽《でわ》国が羽前国・羽後国に二分されたのは一八六八年のことである。

▼**(佐竹)義宣《よしのぶ》**　一五七〇～一六三三。一五八九年家督を継ぐ。豊臣政権下で常陸五四万八〇〇〇石を領有した。

▼**蔵入**　藩が直接支配する領知。対して家臣が支配するところは知行地・給地とよぶ。

▼**(佐竹)義重《よししげ》**　一五四七～一六一二。義宣父。義宣に家督を譲ったあとも実権を掌握していた。秋田移封後は六郷《ろくごう》に居住。

▼**佐竹中務《なかつかさ》大輔**　佐竹義久《よしひさ》。?～一六〇一。一族の佐竹東家当主。朝鮮侵略戦争に佐竹軍を率いて従軍した功で秀吉から加増され、太閤蔵入地代官もつとめた。

とあり、藩主義宣は自己の知行分を蔵入分と区別しており、いまだ藩主としての公権力と私領主としての存在とを一致させていないように思われる。しかもこの蔵入分については、「文禄五年御蔵江納帳」(2)によれば、

高五百仁十九石三斗壱升八合、此内弐百五拾三石一升一合荒▲　大縄与一左衛門
定納▲　五拾四貫七百文　皆納　中河内
高九百十仁石六升、此内仁百七拾仁石六斗五升荒　人見主膳
定物成▲　八拾四貫百七拾四文　皆納　宮田
（中略）
高千弐百弐石五斗四升、此内百四十七石九斗七升荒　小場〔おば〕御預り
定物成　百十八貫文　村田
此内六十貫文かゝり▲
（中略）
高千四石三斗壱升、此内卅五石五斗八升荒　真壁預り
定納　百四十五貫三百八十三文　下屋かい
此内六十八貫四百文かゝり
（下略）

〔現代語訳〕大縄与一左衛門管轄の中河内は、高五二九石三斗一升八合、内二五三石一升一合は荒、定納は五四貫七〇〇文であり、皆納した。
人見主膳管轄の宮田は、高九一二石六升、内二七二石六斗五升は荒、定物成は八四貫一

▼荒《あれ》　荒蕪地《こうぶち》など年貢収納ができない耕地。
▼定納《じょうのう》・定物成《じょうものなり》　上納すべき年貢。
▼かゝり　未納分。

▼**一族衆**　佐竹を名乗る北家・東家・南家の苗字衆の他、小場氏など佐竹本家から分かれた家。なお小場氏はのちに佐竹姓を許され、西家と称するようになる。

▼**外様衆**《とざま》　真壁氏のように、本来佐竹氏とは独立した領主が家臣となったもの。

▼**組下**《くみした》**・指南**《しなん》　重臣などに家臣を預けることを指南付、その家臣を組下といった。

▼**寄親寄子制度**　有力家臣を寄親とし、下級家臣をその寄子として編成したこと。

▼**所預り**　領内の要所に支城駐屯地を設けて一門・重臣を配し、家臣や足軽を組下として預けた。

▼**代官制度**　近世初めには、蔵入地の支配は大身の家臣から任命された代官があたっていた。

▼**夫役**　→1章二五頁頭注。

▼**地方**《じかた》**知行**《ちぎょう》　家臣に知行を領地として与えること。一般に徴税権や裁判権など知行地百姓に対する支配については、藩が規制した。

七四文であり、皆納した。
小場氏の預り地村田は、高一二〇二石五斗四升、内一四七石九斗七升は荒、定物成は一一八貫文であり、そのうち六〇貫文は未納。
真壁氏の預り地下屋かいは高一〇〇四石三斗一升、内三五石五斗八升は荒、定納は一四五貫三八三文であり、内六八貫四〇〇文は未納。(下略)

のように、一族衆▲や客分の外様衆▲の預かり地、および譜代の重臣の代官地となっており、藩主義宣の掌握力は弱かったことが推定できる(3)。このことは常陸佐竹藩家臣団の独立性・土着性の強さ(4)と表裏するものであろう。

かくて佐竹氏の国替は、その本来の権力基盤からの離脱の強制を意味し、このことは第二の主体的条件として考えることができる。国替後も、一族・譜代・外様ないし牢人という身分的区別や、組下・指南▲という寄親寄子制度▲や、一族衆や重臣層の「所預り」▲ないし代官制度▲が持ち込まれてはいるが、国替を機会に家臣団の知行はすべて新恩として給せられ(5)、しかも年貢から夫役▲にいたるまで公定の率をきめられ、同じく地方知行▲といっても、土着性・独立性が払拭されたことが注目される。

史　料

「神戸小野寺文書」(「小野寺氏研究資料」)
「色部文書」

「赤田高橋文書」(本庄市高橋末吉所蔵)
「本堂家系譜」(「小野寺盛衰記」)
「戸沢文書」(新庄市立図書館)

「秋田家文書」(東北大学)

▼**小野寺義道《おのでらよしみち》**　一五六六〜？。横手《よこて》城を拠点とし上浦《かみうら》郡に領地をもった。一六〇一(慶長六)年、上杉氏に呼応した件で改易された。

▼**六郷政乗《ろくごうまさのり》**　一五六七〜一六三四。仙北《せんぼく》郡六郷を拠点とした。関ヶ原合戦の功で一六〇二(慶長七)年、常陸府中一万石に転封となった。一六二三(元和九)年には出羽本庄二万石に加増転封となる。

▼**本堂忠親《ほんどうただちか》**　本堂氏は仙北郡本堂城周辺を所領とした。一六〇一(慶長六)年、常陸新治《にいはり》郡志筑八五〇〇石に転封となった。

▼**戸沢光盛《とざわみつもり》**　一五六七(七七)〜九二。角館《かくのだて》を拠点。戸沢氏は一六〇二年、常陸松岡四万石に転封となった。

▼**秋田実季《あきたさねすえ》**　一五七六〜一六五九。湊城を拠点に現在の秋田県北半を支配した。一六〇二年、常陸宍戸五万石へ転封となった。

第１表　秋田・仙北諸領1590(天正18)年検地高，1591年知行高

郡	領主	天正18・10・19 指出目録・蔵納帳・土貢覚	天正18・12・19 検地目録帳	天正19・１・17 知行充行状	〃 知行方目録・蔵入目録
仙北　上浦郡	小野寺義道▲	貫* 790.410 2,675.873 814.870	石 31,600.96	** 石 31,600	
〃　中郡	六郷政乗▲			4,518	
〃　北浦郡	本堂忠親▲		8,983.31		
〃　北浦郡	戸沢光盛▲		44,350.449	44,350	
秋田郡・檜山郡	秋田実季▲			52,440	石 52,439.273
〃　・豊島郡	豊臣氏蔵入地			26,245	26,244.83

(注)*790貫410は小野寺義道以下11領主指出高合計，2,675貫873は小野寺義道代官豊臣氏蔵納分，814貫870は田代・高寺・西馬音内・山田・稲庭・三梨・川連・東福寺８城主請負御蔵納116,410苅分。

**上浦郡三分の二とある。残り三分の一は未詳。しかし「色部文書」，「語伝仙北之次第」，「奥州永慶軍記」等勘按すれば，上浦郡上郷(雄勝郡)のうち雄物川筋が最上領となったが，小野寺与同の領主等が服属を肯じないため，1593〜95(文禄２〜４)年頃最上勢が侵攻してその手に収めたという推定が可能である。

以上、二つの主体的な条件は、相互に矛盾し合いながら、羽後地方の客観的条件に規定され、藩体制確立への特殊なコースを形成した。

客観的条件の第一は、羽後のいっそうの後進性であろう。一五九〇(天正一八)年、秀吉は大谷吉継▲・上杉景勝▲に出羽の検地を命じ、土豪一揆を鎮圧しながら強行せしめ、出羽諸領主の知行高を決定した(6)〔前頁、第1表〕。「文禄元年秋田城之介分限帳」(7)によれば、秋田氏の所領はつぎの通りであり、秋田氏が秀吉の権力を背景に自己の権力強化をすすめていることがわかる。

総高			九八五〇八石余
蔵入地	三ケ一代官所▲(代官はA二二名 彼らの旧領の三分の一を編入)		一〇七五四 〃
	蔵入代官所(代官はBより一一名)		二九二八三 〃
知行地	A諸家中知行(一族重臣二四名)		二二二七九 〃
	Bその他の給人(約一〇〇名)		三〇一四九 〃
	C	鉄砲衆(四五名)	一二五〇 〃
		槍衆(二四名)	六一四 〃
		飛脚者(一二名)	二〇〇 〃
寺社領			二三四八 〃

しかしこの地方の兵農分離は未成熟で、上記旧領主たちの家臣団の土着性・独立性は、つぎの諸事実からいっそう強かったと推定できる。第一に、太閤検地▲がこれら領主たちの小田原陣従軍中におこなわれたにもかかわらず、在地給人▲たちの検地反対一

▼**大谷吉継**《おおたによしつぐ》　一五五九〜一六〇〇。豊臣秀吉に近侍した武将。敦賀《つるが》五万石を与えられた。

▼**上杉景勝**《うえすぎかげかつ》　一五五五〜一六二三。春日山城に拠り戦国大名として越後・北信などを領有。一五八六(天正一四)年豊臣秀吉に臣従した。

▼**三ケ一代官所**　秋田氏は、一門・外様の重臣から知行の三分の一を召し上げて蔵入地とし、その知行主を代官に任命して管轄させていた。

▼**在地給人**《きゅうにん》　在村している家臣。

揆が勃発していること。第二に、佐竹氏入部後、旧臣土豪の叛乱▲が相次いで起こったこと。第三に、佐竹氏および家臣団の地方支配に当って、下代▲や肝煎▲にこれら旧臣土豪を採用していること。第四に、小野寺氏の旧臣が角間川▲新開により給人に取立てられたが、土着手作していること、等である。

第二の客観的条件は、幕府が自己の支配を固めるためにおこなった諸政策、とくに各藩に課した過重な軍役である。ことに関ガ原戦に日和見して処罰的国替を命ぜられた佐竹氏としては、大坂の陣、幕府諸普請手伝、参勤、上洛御供その他にとくに忠勤を励む必要があった(8)。大坂冬の陣に際して佐竹勢は今福合戦▲に勇戦し、夏の陣には帰国直後にもかかわらず駈けつけて家康の賞詞をうけている(9)。また一六二〇(元和六)年正月、江戸城二ノ丸普請に奥州諸大名動員の噂を聞くと、義宣は秋田に動員を急令して、虚報によって解除したことがある(10)。このような忠勤によって義宣は幕府から「律義者」という定評をうけるにいたった(11)。

第三の客観的条件は、隣藩との緊張状態であろう。この地方の後進性から自生的に強固な大名権力が生まれていなかったため、領界の確定をみず、佐竹氏の知行も、「出羽国秋田仙北両処進置候、全可御知行候也」*という漠然としたもので、石高もなく、軍役のみ一八万石ないし二〇万石相当ときめられた事情があり(12)、佐竹氏入部後直ちに津軽・南部両藩との境界争いが起こり、とくに境界線上に鉱山・山林が多いことから、以後長年にわたり深刻な紛争が続けられた(13)。

第四の客観的条件は、この地方の後進性の自然的条件であるところの積雪期間の長

▼旧臣土豪の叛乱　一六〇二(慶長七)年から〇三(同八)年にかけて小野寺・戸沢の遺臣が、比内《ひない》では浅利氏遺臣が武力蜂起した。六郷では佐竹義宣父義重の館が襲われている。一六一〇(慶長一五)年にも大館《おおだて》で蜂起があった。

▼下代《しただい》　代官の配下として担当農村の統治を補佐するもの。

▼肝煎《きもいり》　→1章二四頁頭注。

▼角間《かくま》川　雄物川中流域(現、秋田県大仙市)。

▼今福合戦《いまふくかっせん》　今福は大坂城東方に位置する。大坂冬の陣で、佐竹軍の部隊が戦った。このとき家老渋江政光が戦死している。

＊**〔読み下し〕**　出羽国秋田仙北両処進《まいら》せ置き候、全く御知行すべく候也、

＊**〔現代語訳〕**　出羽国の秋田・仙北両所を差し上げるものである。御支配するように。

さである。このため二毛作はできず、農業生産力の発展は強く制約され、また交通を困難にし、雪垣等に余分の労働力を費さねばならず、夫役残存の理由にさえなった。しかし大量の積雪はこの地方の水源を豊かにし、長大な用水路等当時の先進的土木技術を導入しさえすれば、生産力の積極的要素に一転しうることも可能であった。

第五の客観的条件は、金銀その他諸鉱物と秋田杉の美林という眠れる資源を蔵していたことである。これらは幕府への金銀山運上▲・軍役板▲負担を義務付けられる理由となったが、当時の先進的な鉱山技術、および海運をもってすれば、これまた藩の一大富源と化することが可能であった。

以上の主体的・客観的諸条件から、佐竹氏は、一方に土豪一揆を鎮圧し、かつ隣藩に対する押えとして、「所預り」制と「指南・組下」制を結びつけた支城駐屯軍を配置して、いわば「占領軍」として、藩支配体制を上から設定していくと同時に、他方、藩権力の社会経済的基礎を確立するために、用水・鉱山・山林開発等の、この地方の後進性を克服する諸政策を推進していかねばならなかった。このため財政負担は巨大となり、搾取と収奪を強化することで、逆に生産力の発展を制約し、おくれた社会関係を再生産せざるをえない矛盾を抱えることになった。

しかしながら、佐竹氏入部以前において、この地方が北海路▲によって上方と直結されていたことは[14]、秋田藩にとってさいわいな条件であった。小浜▲・敦賀▲を起点とし、松前▲および南部▲を終点とするこの北海路は、二つの点で、すなわち第一には、先進的技術と資本、知識と経験のいち早い導入を可能にした点で、第二には、農民からの生

▼**金銀山運上**　院内銀山をはじめ、領内の金山・銀山からは幕府に毎年運上の義務があった。ただし藩に恩賜されている。

▼**軍役板**《ぐんやくいた》　豊臣政権下と同様、幕府から秋田藩に木材の拠出が課されていた。

▼**北海路**　→1章二〇頁頭注。

▼**小浜**《おばま》　敦賀とともに日本海屈指の港町として繁栄。関ヶ原合戦後は京極氏領となる。

▼**敦賀**　北国の海路と上方への陸路の接点にあたる港町として繁栄。関ヶ原合戦後は北ノ庄《きたのしょう》城に拠った結城秀康《ゆうきひでやす》、松平《まつだいら》忠直《ただなお》が領有。一六二四(寛永元)年からは小浜藩領。

▼**松前**　蝦夷《えぞ》南端地域。近世には松前藩が置かれた。

▼**南部**　陸奥《むつ》北部。近世には南部藩(盛岡藩)が領有した。

産物地代搾取に藩財政の基礎が据えられるにいたるまでの間、秋田藩に商品流通への寄生を保証した点で、上述した矛盾を緩和し、藩体制確立に有利に作用し、かつその過程を特徴づけた。

(1) 佐竹文書一乾(史料編纂所影写本)。このうち佐竹中務大輔義久の知行分については「文禄四年七月十六日佐竹義宣印判中務大輔当知行目録」(史料編纂所謄写本「佐竹古証文」)参照。〔初出論文『社会経済史学』二四巻二号、一九五八年より該当部分の史料と注(1)を引用。『著作集』②七四頁〕

(2) 秋田県立秋田図書館〔秋田県公文書館〕佐竹文庫本による。「佐竹古証文」にも写されてある。

(3) この「御蔵江納帳」は翌年つくられたものであるが、物成総計一万八〇〇〇貫余のうち四二〇〇貫余が「かかり」になっている。この「かかり」のほとんどが一族・外様の大身である。またこの「かかり」の内から、「江関・政所免・万人高」を引いている。

(4) 国替直前の段階における佐竹家臣団の独立性・土着性については、国替後常陸に起こった佐竹旧臣土豪の叛乱が十分にこれを証明している(伊東多三郎「水戸藩の成立」『歴史学研究』八巻六号〔一九三八年〕)。また国替に当って遅参し知行にありつけなかった譜代の家臣の例からも推定できる(『梅津政景日記』——以下、註では「日記」と記す——慶長一九・八・六)。また永原慶二・長倉保「後進自給的農業地帯における村方地主制の展開」(『史学雑誌』六四巻一、二号〔一九五五年〕)では、この地方の旧臣土豪層の性格を知ることができる。

（5）一族衆の筆頭として六万石を知行した佐竹中務大輔義久の子将監義賢は、国替後六〇〇〇石を与えられたにすぎない。次表は国替に当って御供した家臣で、一六〇四、五両年（慶長九、一〇）に知行・扶持を給せられたもの（『秋田沿革史大成』上巻〔一八九六年〕を便宜上用いた）の人数を石高別に示したものである。これには、支城を預かる一族・外様の大身およびその家臣は入っていないので全体をうかがうことはできないが、再編成された家臣団の姿を示しているといってよかろう。

石高	人数
1,500	1
1,000	2
700	2
600	2
500	2
450	2
400	4
300	9
250	1
200	27
150	28
100	58
80	38
70	1
65	1
50	51
40	49
計（知行取）	278
扶持取	85
総数	363

（6）〔第1表は、「豊臣政権と領主経済の構造」より引用（『著作集』②一〇二～一〇三頁）〕。

（7）秋田図書館本、史料編纂所所蔵秋田旧記本、柞山峯之嵐本（『秋田叢書』第一巻〔一九二八年〕）、『〔秋田〕沿革史大成』附録本等異同があるが、ここでは便宜上『〔秋田〕沿革史大成』附録本によった。

（8）慶長九年九月二六日付佐竹義宣書状（「渋江文書」史料編纂所影写本）によれば、義宣の戦々恐々ぶりがよくわかる。

（9）『大日本史料』第十二編の該当の箇所参照。「日記」元和二・三・五に、義宣が家康の賞詞をうけたことを記している。

（10）「日記」元和六・正・一一以下。

（11）「日記」元和七・一〇・二〇以下。

(12) 半田市太郎「藩政時代の土地制度」(『秋田県農地改革史』第一篇〔一九五三年〕)第二章第一節。
(13) 秋田県庁所蔵旧秋田藩庁文書(秋田県公文書館秋田県庁旧蔵古文書)に藩境紛争史料が多数残されている。
(14) 古田良一・大島正隆「秋田家文書による文禄・慶長初期北国海運の研究」(『社会経済史学』一一巻三・四号〔一九四一年〕)は、東北大学所蔵の秋田家文書中、秋田時代のもの(この詳細な目録は『文化』九巻九号〔東北帝国大学文科会、一九四二年〕)を用いて、佐竹氏入部直前の北海路について詳細に論じたすぐれた論文である。

第二節　藩財政の支出面

1　軍役負担

徳川幕府の初期においては、豊臣政権から引続き(1)、諸大名に課せられた軍役はきわめて大きかった。以下、秋田藩のばあいについて、戦時動員、参勤・上洛御供、普請手伝の三つについて考察する。

戦時動員としては、実際の戦闘参加は大坂冬の陣だけであったが、夏の陣にも出兵し(2)、また一六二二(元和八)年、最上氏改易▲に際して由利領▲取りのため出兵し、翌年には松平忠直改易▲に際して戦時動員がおこなわれている(3)。これらの戦時動員が秋田藩にとってどれだけの負担になったか、その全体を知ることはできないが、大坂の陣について若干の史料を示そう。まず冬の陣についてであるが、『梅津政景日記』(以下、「政

▼**最上《もがみ》氏改易《かいえき》**　最上義光《よしあき》が一代で出羽山形藩五七万石の版図を築いたものの、跡を継いだ義俊は家老たちを統制できず、改易に追い込まれた。

▼**由利《ゆり》領**　関ヶ原合戦後、出羽由利郡と庄内三郡が最上氏に与えられていた。

▼**松平忠直改易**　松平忠直は結城秀康長子。一六〇七(慶長一二)年家督を継ぎ越前福井六七万石を領するも、一六二三(元和九)年改易、豊後《ぶんご》に流された。

景日記」と記す)慶長一九年一〇月一一日条に、

大坂御陣候間人数可罷登由、右近殿へきば(騎馬)・足軽之御書立被遣候、皆々三百石壱騎ニ、ふせう(不肖)衆をハつくのひ(償)を以被仰付候、諸給人此度之役儀、高百石ニ付人三人、銀子百四拾目宛被仰付候、

とあり、政景は留守家老向右近宣政の命令で徹宵軍割をおこない、翌日全家臣団に令書を布達した。さいわいこの令書が残っているので、その一つを例示する。(4)

三百石壱騎岡佐左衛門上下拾人、但仁百石ノ償、八拾石ハ泉藤七、八拾石ハ佐蔵甚右衛門、四拾石徳川久兵衛、此三人ゟ銀子仁百八拾目、人六人、共ニ御紋はをりきせ、大坂御陣ニ候間、此廿日以前ニ可罷上候、以上、

慶十九

十月十二日　　　向右近(黒印)

〔読み下し〕三百石一騎岡佐左衛門上下十人、但し二百石の償、八十石は泉藤七、八十石は佐蔵甚右衛門、四十石徳川久兵衛、此の三人より銀子二百八十目、人六人、共に御紋はをりきせ、大坂御陣に候間、此の二十日以前に罷り上るべく候、以上、

〔現代語訳〕三百石一騎岡佐左衛門、上下十人とする。ただし二百石分は償とし、八十石は泉藤七、八十石は佐蔵甚右衛門、四十石は徳川久兵衛、この三人から銀子二八〇目・人六人を助成させる。これらについては佐竹家の御紋の付いた羽織を着せよ。大坂への出陣なので、今月二十日までに出立せよ。

この史料によれば、右の四人で三〇〇石一騎を仕立て、岡佐左衛門が手勢九人を率

▼**償**《つぐのい》　直接出陣しないものが、軍役のための経費や人員の負担を分担すること。

＊**〔読み下し〕**　大坂御陣候間、人数罷り登るべき由、右近殿へきば(騎馬)・足軽の御書立遣わされ候、皆々三百石一騎に、ふしょう(不肖)衆をば、つぐのい(償)を以て仰せ付けられ候、諸給人此のたびの役儀、高百石に付き、人三人、銀子百四十目宛、仰せ付けられ候、

＊**〔現代語訳〕**　大坂御陣なので軍勢を差し向けるよう、(参勤途上の藩主より)右近殿(家老向宣政)に対し騎馬・足軽の書立が遣わされた。知行三百石で一騎を仕立て、出陣しない給人は償を負担するようにとの指示であった。また給人たちの今回の役儀は、知行高百石につき人三人、銀子一四〇目宛と命じられた。

▼**向宣政**《むかいのぶまさ》　一五六〇〜一六一八。秋田藩家老。主として軍制面を担当した。

いて従軍し、他の三人は石高に応じて銀子と人数を償として佐左衛門に差出したことがわかる。このように一騎を仕立てた家中は一五六騎で、上下各一〇人とすると、総計一五六〇人となる。このほか、各部将の下に足軽衆▲が鉄砲隊・槍隊を組んで配属し、さらに義宣の馬添衆・台所衆・茶屋衆・厩衆・御小人・六尺▲等が従軍し、また農民からは歩夫（かちふ）・伝馬▲が徴発されたから、総勢は数千に及び(5)、歩夫は延べ万を超したと推定される。

夏の陣のばあいは、帰国直後の動員のためはるかに小規模であった。「羽陰史略」元和元年四月二四日条に、御金蔵目録より引くところによると、一騎駄輩▲三八、馬添衆一二〇、茶屋衆一〇、台所衆一六、足軽・御小人・厩衆計七一〇、六尺八、最上金山▲江戸間の歩夫延べ六八一二、芦名▲手勢二三〇、乗馬二三、伝馬四五、御荷物二〇駄である。

武器弾薬その他の物資がどれだけ動員され、いかに調達されたかについても全貌はわからない。冬の陣のばあい、陣中より秋田に残した大砲小銃を全部送ることを命じていること(6)、夏の陣のばあい、江戸で弾丸と火薬を受取り、大津で鉄砲扱衆に渡した際の目録(7)によって、弾丸二万八五〇〇、火薬二七貫目が江戸で調達され大津まで運ばれたことがわかるほか、楯板・竹束▲が伏見で調達されたこと(8)を知りうるだけである。

藩庫の財政負担がどれだけであったかについては、冬の陣についてさいわい総数がわかる。すなわち、「慶長拾九年大坂御陣御用金銀代物受取目録」(9)によれば、

判金▲　九二枚

▼**足軽衆**《あしがるしゅう》　秋田藩では、足軽は大身の家臣に指南付として預けられていた。

▼**御小人**《おこびと》**・六尺**《ろくしゃく》　藩直属の奉公人。

▼**伝馬**《てんま》　宿駅間で荷物などを搬送する馬。

▼**一騎駄輩**《いっきだはい》　馬上の一騎衆とそれ以下の駄輩衆という区別があった。

▼**最上金山**《かねやま》　出羽最上郡金山。羽州街道沿いの宿駅。

▼**芦名**《あしな》　芦名家は会津の戦国大名。佐竹義宣の弟が継いでいたものの、実家に戻っていた。佐竹氏の出羽入封後、角館に配された。

▼**竹束**《たけたば》　竹を束ねてつくった、楯板《たていた》と同様に使われる防具。

▼**判金**《ばんきん》　楕円形で薄く伸ばした金。小判よりも大型のもの。

小判▲	六〇〇両
壱歩判▲	四〇〇粒
灰吹銀▲	二二〇貫一五六匁四分二厘
丁銀▲	一四一貫四九九匁一分八厘
京銭▲	一一四貫二二七文

を義宣の手元および方々より受取り、判金三〇枚を一歩判に両替して御蔵へ差上げ、万御京銭三六貫余を江戸御蔵に差置き、同七貫余を窪田▲(秋田)御蔵に差上げたほか、万御用に支払っている(10)。夏の陣の御用金額(11)は、

金	一三七両三歩
銀	六二貫七五三匁三分一厘
銭	一五貫〇八一文

であり、動員が小規模であったのと相応している。

以上の藩庫の財政負担は、武器弾薬楯板等の軍需品の調達および運賃、従軍士卒・歩夫に対する路銀・路銭・扶持方▲、および馬糧の支給に費された(12)。ともあれ戦時動員は、藩庫・家臣団から農民にいたるまで大きな負担となったので、藩では平時から軍資金の貯蔵がおこなわれ(13)、動員計画がつくられていた(14)。

参勤・上洛御供はいわば平時の軍事動員であった。江戸幕府の初期には、諸大名は兵力を率いて伏見・江戸・駿府等将軍あるいは大御所の在所に詰めて幕府の軍事力に加わり、忠勤を励んだのであった。しかし元和偃武▲以後、参勤とは江戸屋敷に詰める

▼**小判**《こばん》　楕円形で薄く伸ばした金貨。一枚一両で通用。幕府によって金座で鋳造された。

▼**壱歩判**《いちぶばん》　長方形の形状をした金貨。小判の四分の一の価値で通用。

▼**灰吹銀**《はいふきぎん》　灰吹によって精錬した銀。各地で生産されたが、品位がそれぞれ異なったので、しだいに丁銀に切り替えられていった。

▼**丁銀**《ちょうぎん》　幕府の手で鋳造された銀貨。灰吹銀に一定の銅を混合したもので、極印が捺され、なまこ型をしている。秤量貨幣として流通した。

▼**京銭**《きょうせん》　寛永通宝鋳造まで、幕府指定の標準貨幣として使用されていた。

▼**窪田**　近世には窪田(久保田)と呼んだが、一八七一年に秋田と改称された。

▼**扶持方**《ふちかた》　食糧にあてる経費。近世には動員した側が提供するのが原則である。

▼**元和偃武**《げんなえんぶ》　偃武とは武器を収め用いないこと。一六一五(元和元)年、大坂の陣を最後に戦国の戦乱が終息したことをいう。

▼**夫丸《ぶまる》** 百姓を人足として徴発したもの。

▼**江戸屋敷** 秋田藩の江戸上屋敷は神田《かんだ》諏訪《すわ》町にあった。いまでもJR神田駅西口には佐竹稲荷が祀られている。中屋敷は下谷《したや》、下屋敷は浅草鳥越《あさくさとりごえ》にあった。

こととなり、上洛御供は江戸参勤の諸大名を行軍編成でおし上らせ、公家・上方諸勢力および西国外様大名に対する示威の意味をもつことになった。これらは戦時動員に比べれば小規模であったが、動員方法は同様であった。

一例を一六二一(元和七)年の参勤にとると[15]、動員人数はつぎのようであった。

御供給人(一騎駄輩)およびその手勢	五〇三人
馬添徒士《かち》	六〇人
足軽・御小人・厩衆	三一六人
夫丸▲	七七人
計	九五七人

この年の江戸屋敷▲詰人数は、義宣の母・妻のほか一〇三人の家臣・女中衆と夫丸五人であり、後嗣の義直附人数は四三人・夫丸六人であった。以上、総勢一〇二〇人・夫丸八八人の扶持米および台所消費米は、梅津政景の見積によると一ヵ月二七六石余となり、一両につき二石の相場で小判一三八両に達する。

この年の参勤の出費[16]は、二月一二日より八月一五日までの前半分、

灰吹銀	六五貫三〇〇匁(小判にして一一五五両三分)
小判	一二八七両
一歩判	二〇〇粒(小判にして五〇両)
丁銀	五二貫四三〇匁(小判にして八五一両)
判金	四九枚(小判にして三六七両二分)

計　　　　　　小判にして四七一一両一分

同じく八月一六日より一二月九日までの後半分は、

灰吹銀　七八貫六〇〇匁(小判にして一三六六両三分)

小判　　　二〇〇〇両

判金　　　　七〇枚(小判にして五〇〇〇両)

一歩判　　四五〇粒(小判にして一一二両二分)

計　　　　　　小判にして四〇一九両一分

で、合計すると小判八七三〇両二分という巨額に達する。

幕府諸普請の手伝は、以上にまさるとも劣らない軍役負担であった。「江戸普請」と称された江戸城修築(一六〇七年、慶長一二)、「海上普請」と称された銚子舟入り▲築造(一六〇九年、慶長一四)、「越後普請」と称された高田城▲築城(一六一四年、慶長一九)等がつぎつぎに国替間もない秋田藩に課された。

これらについては断片的な史料しかないので、動員状況も財政負担もあきらかにしえないが、一六二〇(元和六)年正月、参勤中の義宣から江戸二ノ丸普請手伝を待機するため軍役動員を命ぜられた際の「政景日記」の記事で、動員の模様をみよう。すなわち、江戸御供のほか、蔵入地・知行地を問わず一五〇石に一人の人足、持道具鍬一丁ずつ、総勢一二六五人を割当て、また在郷▲足軽二九〇人と、江戸御供の足軽から一〇人、計三〇〇人の足軽を割当てたほか、普請用▲青麻の調達を命じている。

この際、政景は「越後普請」の人足扶持方を調べ、往復一日一升、滞在中一日七合

▼**銚子《ちょうし》舟入り築造**　「海上《うなかみ》普請」と呼ばれる。秋田藩は米沢藩・相馬藩とともに手伝い普請をつとめた。

▼**高田城《たかだじょう》築城**　越後六〇万石を領する家康六男松平忠輝《ただてる》が高田に拠点を移したとき、奥羽・北陸・信濃の大名に手伝い普請が命ぜられた。

▼**在郷足軽《ざいごうあしがる》**　久保田城下在住のほか、大館・角館などといった支城に詰める在郷足軽があった。所預りの有力家臣が指南した。

▼**青麻《あおそ》**　青苧。苧《からむし》の皮をはいで、細かく裂いたもの。

五勺、往復二〇日、滞在一〇日として一人二斗七升五合、銀にして二匁七分五厘と記しているが、この割合で上記の人数の扶持方を出すと三四七石八斗余となり、銀にして三貫四七八匁余かかることになる。

　秋田氏等の旧領主が豊臣政権から課せられていた軍役板は、そのまま佐竹氏の徳川幕府に対する軍役の一部に引継がれた(17)。豊臣政権のばあい、杣取▲入用および敦賀までの舟賃を、秋田氏の預かる豊臣氏蔵入地の物成から支払った(18)が、幕府は秋田藩に対し反対給付をおこなった形跡はない(19)。この軍役板がどのくらいの負担であったか、一例をあげると、一六二〇(元和六)年には長さ京間一間、幅一尺八寸、厚さ五寸の板を一万枚、敦賀まで送ることを命ぜられており、搬出困難な夏期にも伐採をおこなわせ、土崎▲・能代▲両湊の舟を全部徴用してこれが回漕に当らせている。運賃は六尺五寸の長さのもの一〇〇枚三四〇匁と記してあるので、一万枚の運賃は銀三四貫という多額に上ることになる(20)。この回漕に当って風難(21)等のため一〇〇〇枚が未進となり、翌年これを済ます(22)等困難をきわめたことがわかる。

2　大名支配確立のための出費

　幕府軍役負担の基礎は上述のように、藩が家臣・領民に課した軍役・夫役であったが、これはまた佐竹氏が羽後地方の後進性を克服し、大名支配を確立するための軍事体制と領内諸普請の基礎でもあった。

　前述した家臣団の支城駐屯制度は、旧領主およびその旧臣土豪の城館の整理修築を

▼**杣取**《そまとり》　伐木・造材作業に従事する労働者。

▼**土崎**《つちざき》　雄物川河口の港町。現、秋田県秋田市。湊《みなと》とも称され、能代《のしろ》とともに久保田の外港としての役割を果たしていた。

▼**能代**　米代《よねしろ》川河口の港町。現、秋田県能代市。土崎とともに北海路の要地だった。

伴った。初期の支城駐屯地は次の通りであった。

［地名］	［所預かり家臣名］	［集住組下給人］	［城館］
大館	小場（佐竹）	同上組下	旧城修築、支城として残る
十二所《じゅうにしょ》	塩谷《しおのや》（後梅津→茂木《もてぎ》）	同上組下	築城、一六二〇（元和六）年破却
檜山《ひやま》	多賀谷《たがや》	同上組下 松野組下	一六二〇年城破却
院内	矢田野《やだの》（後大山）	同上組下	
湯沢	佐竹（南家）	同上組下	一六二〇年城破却
横手	伊達→須田（後戸村）	同上組下 向組下	旧城修築、支城として残る
六郷	佐竹義重	義重家臣	一六一二（慶長一七）年、義重死後廃城
角館	芦名（後佐竹北家）	同上組下 今宮組下	一六二〇年城破却
長野	佐竹義廉《よしかど》（北家）	同上組下	一六一四（慶長一九）年、義廉死後廃城
大曲《おおまがり》	佐竹義賢《よしかた》（東家）	同上組下	秋田城下に移る
刈和野《かりわの》	なし	渋江組下	
角間川	なし	梅津組下	

また大名支配の中枢である本城と城下町の建設が、国替後すぐに着手された。佐竹氏入部当初は本城を秋田氏旧城湊城▲に据えたが、一六〇三（慶長八）年五月、久保田

▼**湊城**　土崎は湊とも称され、秋田氏の拠点だった。佐竹氏も入封当初は湊城に拠っていた。

（秋田）城築城に着手、翌年八月竣工、湊城を破却して新城に移った。秋田城は丘陵と河川を利用し、水濠と土塁で幾重にも囲んだ規模の大きい城であるが、石垣と天主閣がないのは、当時の財政の困難を示しているばかりでなく、[23]国替を通じて、徳川氏の武威に服するほかなく、城郭は百姓（土豪）一揆に対抗できれば足りると考えたからでもあろうか。[24]

秋田城下町をはじめ、横手・大館・角館・湯沢等の支城城下町の建設は、藩およびこれら諸城下に集住する武士団の需要を満たすためばかりでなく、北海路を通じての先進的な技術（職人）と資本（商人）を招致する必要から、また上方市場への▲廻米が不安定であった当時として、領内に年貢米販売のための「上方」をつくる必要から、急速にすすめられた。これら諸城下町の町割に示された開明性はこのことを証拠立てるものであろう。これらの諸城下町はいずれもここに掲げたモデル図（第1図）の原則を守ってつくられている。すなわち城郭の外郭としての内町（侍町）は土塁・▲枡型で外界と遮断されているのに対して、外町《とまち》（町人町）は碁盤割の街路広く、舟運・街道とも結ばれて商業活動の便がはかられている。これと、町人「町」を侍「丁」で分断し締付けている仙台

▼**廻米**《かいまい》　年貢米などの米穀を輸送すること。

▼**枡型**《ますがた》　久保田城の廓の出入り口は互い土手からなっている。

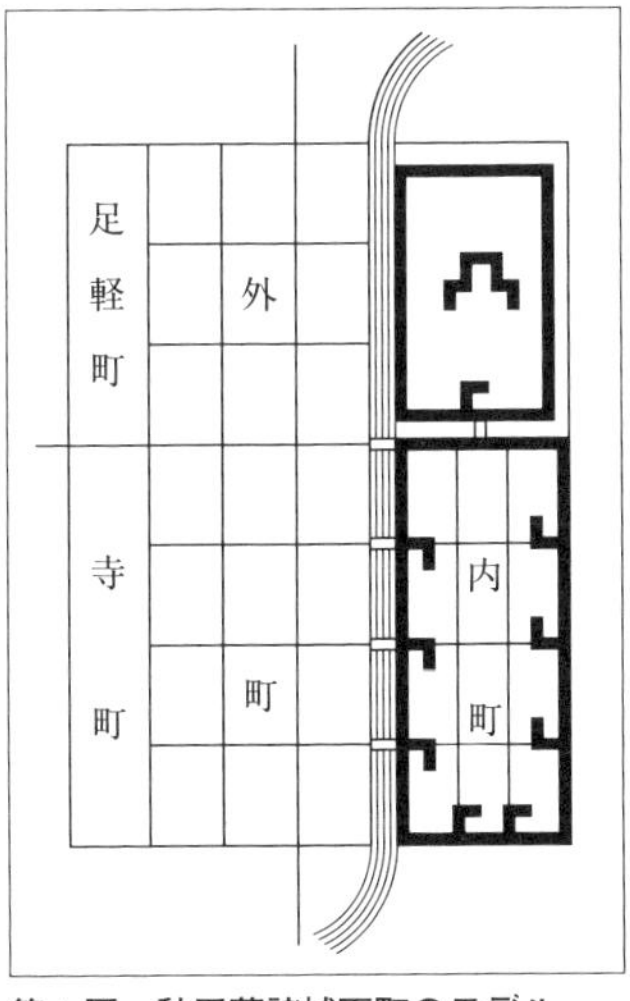

第1図　秋田藩諸城下町のモデル

城下町と比較すると、秋田藩の町人優遇は顕著といわなければならない。

家臣団の軍役を確保するためには、家臣団維持のための財政支出を余儀なくされた。国替により本来の基盤から引離され、しかも知行を減ぜられた家臣団は、幕府と藩の過重な軍役によって疲弊した。「政景日記」には家臣団困窮の記事が散見するが、ここでは一例として元和八年二月二六日条を引いておく。

（江戸）御供衆ノ内堪忍不罷成候て御かり銀致度由被申候間、披露致候へハ、御心得ニ候条借申候へと被仰付候、目録掛御目候衆、五百目信太《しのだ》内蔵助、三百目小野崎木工兵衛、弐百目平塚強左衛門、三百目介川源七、百目小野崎左近、百目古谷掃部右衛門、百目川井理左衛門、百目後蔵兵右衛門、弐百目片岡九郎右衛門、三百目宇留野源兵衛、此外福（原）彦太（夫）身上不罷成段申上候へハ、尚五百目借候へと被仰付候、

〔読み下し〕（江戸）御供衆の内、堪忍罷り成らず候て御かり銀致したき由申され候間、披露致し候えば、御心得に候条借し申し候えと仰せ付けられ候、目録御目に掛け候衆、五百目信太内蔵助、三百目小野崎木工兵へ、二百目平塚強左衛門、三百目介川源七、百目小野崎左近、百目古谷掃部右衛門、百目川井理左衛門、百目後藤兵右衛門、二百目片岡九郎右衛門、三百目宇留野源兵衛、此の外福彦太身上罷り成らざる段申し上げ候えば、尚五百目借し候えと仰せ付けられ候、

〔現代語訳〕（江戸）御供の給人のうちで、生活できなくなったので藩から借銀をしたいと申し出られた人がいた。そこで藩主に披露したところ、了解したので貸すようにお命じになった。目録をお目にかけたのは、五百目信太内蔵助、三百目小野崎木工兵衛、二

百目平塚強左衛門、三百目介川源七、百目小野崎左近、百目古谷掃部右衛門、百目川井理左衛門、百目後藤兵右衛門、二百目片岡九郎右衛門、三百目宇留野源兵衛であった。この他、福原彦太夫の身上が成り立たなくなったと申し上げたところ、さらに五百目を貸すようにとお命じになった。

藩はこのため、金銀を給し、あるいは貸している。出陣・参勤・上洛御供の際に路銀を合力(25)しているほか、たとえば一六一七(元和三)年、幕府から金銀山運上を拝領すると、帰国後ただちに、家臣のうち国替の際の御供衆と大坂陣戦死者親子に分配(26)し、翌年にも残りの家臣に分配している(27)。また一六四二(寛永一九)年の飢饉に際し家臣に貸銀している(28)。

用水開鑿等、この地方の生産力水準の立ちおくれを克服するための諸普請は、軍事体制とともに藩が力を傾けた問題であった。藩は資材と夫役を動員し、用水路を建設し、沼沢地を干拓(29)し、雄物・米代両大河流域および日本海沿岸の砂丘内側の沼沢地帯を美田と化した。寛永初年、本田当高二三万三五三〇石余、新田一万四七二三石余であったものが、元禄・享保期に三四万石余に増加したのは(30)、このような新田開発の進行を物語る。

しかし初期藩財政の逼迫は、藩の力のみによって新田開発を推進することを許さなかった。かくて、「指紙開」、すなわち藩の指紙を得、みずから経費を負担して開いたばあいは、新田を知行として与える方式がとられた(31)。国替に当って知行の削減をうけた家臣たちは、知行所・蔵入代官所の新開につとめ、遅参その他の事情で知行にあり

▼**雄物川**　横手盆地など秋田県南部を流域とし、秋田市街地南をとおって日本海にそそぐ。

▼**米代川**　秋田県北部を流域とし、能代で日本海にそそぐ。

▼**当高**《とうだか》　→八五頁頭注「当高制」。

▼**指紙開**《さしがみびらき》　家臣が新田開発を申請すれば、家老から許可証(指紙)が発給された。開発後の新田は家臣の知行に組み込まれた。

つけなかった無足衆▲(32)や、旧領主の給人土豪(33)、あるいは北海路によってこの地方に自分の運命を開拓するため流れ込んできた町人や牢人たちは、新田開発を通じて知行にありつき、家臣団編入のチャンスを摑んだ(34)。このような新田開発のありかたと秋田藩の地方知行の固さとの関連は考察に値すると思う。

このほか、築堤・川除普請▲、街道・舟路の整備、鉱山開発、山林開発等々、藩体制を固めるための領内諸普請にかかる藩財政の負担は大きかった。

3　必需品購入

藩財政の支出を必需品購入の側面からみていくと、一番大きい比重を示すものは軍需品、その中でも大小の鉄砲であろう。この段階で量質共に武力の中心となったのは鉄砲であり(35)、日常の武術稽古も、「政景日記」によると、乗馬や弓射に比べて圧倒的に多いのは鉄砲射撃である。

秋田藩では鉄砲を近江の国友▲(36)および堺の鶴屋権右衛門(37)に注文し、京都の御用商人大島宗喜▲の手を通じても買っている。国友の鍛冶は、秋田まで下って藩に売込み、鶴屋権右衛門はのちに藩の特権商人にのし上ったらしく、一六六三(寛文三)年の「久保田外町絵図(38)」では、町人で唯一つ大きい屋敷地を所有している。鉄砲の価格は、国友に注文した三〇匁玉大筒は一挺《ちょう》銀一二枚(一枚は銀四三匁)、六匁玉種子島は一挺銀六〇匁(39)、鶴屋に注文した一〇匁玉種子島は一挺銀七〇匁である(40)。当時の秋田藩常備の鉄砲数は不明であるが、薩摩藩常備の鉄砲約八〇〇〇挺に石高の比をかけ約二二〇〇挺

▼**無足衆**《むそくしゅう》　知行をもたず、藩から扶持などを給付される家臣。

▼**川除**《かわよけ》**普請**　堤防修築などによって川の氾濫を防ぐ治水工事のこと。

▼**国友**《くにとも》　現、滋賀県長浜市。鉄砲鍛冶が集住した。

▼**大島宗喜**《おおしまそうき》　注文に応じて商品を調達したり、藩主上洛の際の宿をつとめた。また藩主側室や女中衆の斡旋もしている。

と踏み、大小鉄砲平均価格銀七〇匁とすると、秋田藩は常備の鉄砲に銀一五四貫ほど支出したことになる。

鉄砲ばかりでなく、武具甲冑ほとんどすべてを上方諸都市に注文している。たとえば一六一九(元和五)年、徒士具足三〇〇領を奈良の具足屋半田与三・岩井才右衛門に注文している。(41) このように、当時の戦闘に不可欠の武器を量質ともに秋田藩に保証したのは上方の先進的な手工業であった。もちろん、秋田城下町にも鍛冶町・鉄砲町等職人町はあり、銅の石火矢や弾丸、(42) および鉛玉を鋳造し、(43) 鉄砲も注文している。(44) しかし「政景日記」によると、上方手工業に対する依存度ははるかに大きかったと断定してよい。このことは、上方諸都市を直轄にし、上方町人を御用町人とした幕府に対し、藩の力関係をきわめて弱いものとしたし、またこれらの上方町人の一部を藩の御用町人にしたことは、藩主の家臣団に対する専制権力の条件となったと思われる。

処罰的国替をうけた一外様大名佐竹氏にとって、とくに元和偃武以降、上述の武器以上に自己防衛の有効な手段であったものは、将軍および側近への進物であった。呉服・茶・茶道具その他の奢侈品は、進物用としても佐竹氏の自分用としても、ほとんどすべて上方町人への注文によっており、(45)「政景日記」の算用記事に出てくる頻度からみて、これも藩財政にかなりの比重をもっていたと思われる。

秋田城下町および支城城下町には職人が集住せしめられており、(46) 佐竹氏あるいは家臣団の必要を満たすことがはかられたのであるが、これら城下町職人の果したもう一つの大きい役割は、領内諸普請への動員、およびこれに用いる労働用具の生産であったということができよう。(47)「政景日記」には城内の作事に城下の大工が動員された記事が散見する。一例を拾うと、一六二〇（元和六）年末に城内広間等の屋根が暴風で飛んだ際、御手大工▲の指揮のもと、「窪田中大工・おか引▲（大鋸挽）無残召集、御普請ニとりつかせ」＊ている。(48)また一六〇四（慶長九）年には、江戸佐竹邸の作事にも秋田城下から大工を呼んでいる。(49)これら諸普請の道具は藩が鉄を渡して鍛造させている。(50)

（1）文禄慶長の役に佐竹勢は名護屋に出陣している（「大和田重清日記」史料編纂所謄写本）。伏見築城にも佐竹氏は動員されている（「佐竹文書」一乾所収、文禄三・一・一九秀吉朱印状）。

（2）「日記」元和八・八・二七以下。

（3）秋田藩では「越前早駈の陣」とよんだ。この動員は事件落着のため途中で解除された（『横手郷土史』（横手町、一九三三年））。「日記」は元和九年が欠けているので詳細はわからない。しかし「平野文書」（史料編纂所影写本）の卯月廿日付佐竹義宣書状は、この間の事情を推測させる。

一六六九（寛文九）年、蝦夷蜂起▲に際し、松前加勢を命ぜられた秋田藩は軍割をおこない待機したが、出兵をみずに済んだ。この際の軍割・軍令は『秋田沿革史大成』上に引用されている。この後一八〇七（文化四）年、蝦夷地出兵を命ぜられるまで戦時動員はなかった。

（4）「秋田藩採集文書」一四（史料編纂所謄写本）。岡佐左衛門は冬の陣従軍者中に名を連ね、慶長九、一〇両年の知行割では同人は一〇〇石、泉藤七、佐藤甚右衛門は八〇石、徳川久兵衛は四〇石である。

▼**御手大工**《おてだいく》　民間の大工に対し、藩から扶持を与えられ家臣団に組み込まれた大工をさす。

▼**おか引**　大鋸《おが》とは製材のための大型の鋸。それを用いる職人のこと。

＊**〔読み下し〕**　窪田中大工・おが引残り無く召し集め、御普請にとりつかせ

＊**〔現代語訳〕**　久保田中の大工・大鋸引をすべて招集し、御普請にあたらせ

▼**蝦夷蜂起**　一六六九（寛文九）年、アイヌと松前藩との戦争。幕府の支援も得た松前藩がアイヌを鎮圧した。

(5) 戦死は家老渋江政光以下一九人。

(6) 「日記」慶長一九・一二・一四。

(7) 小国庫吉氏所蔵「元和元年大坂御陣時江戸ニ而玉薬請取目録」(『秋田市史』上〔一九四九年〕、八八頁以下)、「羽陰史略」(『秋田叢書』第一巻)元和元・四・二四引用御金蔵目録。

(8) 「日記」慶長二〇・一一・二九、一二・一。

(9) 小国庫吉氏所蔵文書(『秋田市史』上、八六頁以下)。

(10) 当時の貨幣相場は正確にはわからないが、「日記」その他から推定して、判金一枚を七両二歩、灰吹銀五八匁ないし丁銀六四匁を一両、京銭一貫文を二一匁として概算すると、大坂冬の陣御用金支払総額は七〇〇〇両を超す。米相場を一両二石とすると、米にして一万四〇〇〇石余となる。

(11) 「羽陰史略」前掲御金蔵目録、なお三浦一郎氏所蔵黒木文書「大坂御陣附御上(洛)(以下欠)」という写本中に、「慶長弐拾年分大坂御陣ニ而銀子請取申覚」「慶長弐十年分大坂御陣御扶持米請取申覚」が収められている。

(12) この過重な負担に対し、幕府は冬の陣に際して佐竹氏に銀一〇〇〇枚を下賜し(「羽陰史略」)、また江戸柏原《かしわら》間一五泊一五〇〇人分の扶持米一人一泊七合五勺ずつ、総計一六九石余を下賜している(「日記」元和二・七・一二)。

(13) 「日記」元和六・四・二九に、「御蔵ニ御座候御ぢん(陣)御軍役ノろぎん(路銀)十二箱」*とある。

(14) 「日記」元和二・八・二九に、「遠路御供衆之割仕候」とあり、同九・二・二に、「夜半ニ割極、馬乗ノ帳一冊、歩立ノ帳一冊、夫之帳一冊、三冊ニ極」*とある。「秋田藩採集文書」一一所収、寛文四・閏五・一二遠路御軍役割付状参照。

*〔読み下し〕御蔵に御座候御ぢん御軍役のろぎん十二箱

*〔現代語訳〕御蔵にある戦陣の御軍役のための路銀十二箱

*〔読み下し〕夜半に割り極め、馬乗の帳一冊、歩立《かちだて》の帳一冊、夫の帳一冊、三冊に極め、

*〔現代語訳〕夜半に割り当てを行い、馬乗の帳一冊、歩立の帳一冊、夫の帳一冊、計三冊に仕立て、

(15)「日記」元和七・九・二五。

(16)「日記」元和七・一二・九、この年の参勤は翌一六二二(元和八)年に及んだ。

(17)「渋江文書」正・一四佐竹義宣書状(『大日本史料』第十二編、慶長一三年正月に収む)に、

(上略)当年爰元(江戸)御普請之儀、本(多)佐州・大(久保)石州相頼申上候衆に、如前々、其元にて御材木取可被仰付にて候間、満足可致推量候、御材木様子之儀ハ、大石州へ相談、追而可得御意之由候儀、何材木たるへきも不知候間、爰元聞届候て、追而可申遣候、兎角舟木ハ自分之用所にも立事候間、先舟木を余慶ヲ為取可申候、去年ゟ佐渡太あたけ船作へき由、下代ゟ申越候つる、其御公役御役木にても、又石見殿間にて所望候木にても、何趣ニも可入候間、それも木取可申付候、(下略)〔引用史料は東京大学史料編纂所影写本により一部補訂〕

〔読み下し〕 当年爰元《ここもと》御普請の儀、本佐州、大石州あい頼み申し上げ候衆に、前々の如く、そこ元にて御材木取り仰せ付けらるべきにて候間、満足推量致すべく候、御材木様子の儀は、大石州へ相談、追って御意を得べきの由候儀、何材木たるべきも知れず候間、爰元聞き届け候て、追って申し遣すべく候、兎角《とかく》舟木は自分の用所にも立つ事候間、先ず舟木を余慶を取らせ申すべく候、去年より佐渡太《おお》あたけ船作るべき由、下代より申し越し候いつる、その御公役御役木にても、又石見殿間にて所望候木にても、何趣にも入るべく候間、それも木取り申し付けべく候、(下略)

〔現代語訳〕 今年の江戸での御普請について、本多佐渡・大久保石見という取次ぎを頼んでいる衆から、これまでのように秋田で御材木を採取するよう仰せ付けられた。満足していることを思い知るように。御材木の種類については大久保石

▼安宅船《あたけぶね》 大型の軍船。船の周囲を矢倉で囲い、大砲を備えた。

見に相談し、追って指示を受けよとのことである。どういった材木かはわからないので、こちらで確認のうえ追って通達する。ともかく舟木は秋田藩としても必要なものなので、まずは舟木をたくさん採取させておくように。去年より本多佐渡が大安宅船▲をつくるとの旨、下代を通して申し越している。その御公役の御役木についても、また石見殿が所望の木であっても、何であっても必要なので、それも採取させるようにせよ。(下略)

とあり、豊臣氏が出羽諸大名に課した船板・作事板搬出の軍役が幕府に引継がれたことがわかる。板の寸法まで豊臣氏のそれが引継がれ、太閤板とよばれた(「日記」元和六・三・二三)。

(18)「秋田家文書」慶長二・一一・二七秋田内御蔵米御算用状事。

(19)「日記」元和七・九・一六。

(20)「日記」元和六・三・二五。

(21)「日記」元和六・七・一。

(22)「日記」元和七・七・一〇、一一・一三。

(23)「日記」寛永元・七・二五によれば、常陸者は石垣普請を知らないということなので、石垣を築くためにはその技術をもった土木業者を江戸や上方から招いて請負わせるなど、財政負担が大であったと考えられる。

(24)「黒沢多左衛門覚書」(史料編纂所謄写本「佐竹家臣上書」所収)の次の条はこのことを証明している。

(上略)浄光院様(義宣)尋御申被成候は、御処野の台迄敵寄申候ハヽ、何と致能御座候と御申被成候得は、院内之杉峠を敵越たるときは腹切、城江火をかけるより外あるへからす、此小城なとに備篭、運ひらくへきよふなし、人足つかれになにとて多普請せらるゝなと御意有けれは、当国ハ百姓の心根よからぬ処にて候、若一揆なと起り候ハゝ、家中之者の妻子をも入置可申と存て之事と浄光院様御申被成候得は、（下略）〔引用史料は東京大学史料編纂所謄写本により一部補訂〕

〔読み下し〕 浄光院様尋ね御申し成され候は、御処野《ごしょの》の台迄敵寄せ申し候わば何と致し能く御座候と御申し成され候えば、院内の杉峠を敵越えたるときは腹切り、城え火をかけるより外《ほか》あるべからず、此の小城などに備え籠り、運ひらくべきようなし、人足つかれになにとて多く普請せらるるなど御意有りければ、当国は百姓の心根よからぬ国にて候、若し一揆など起り候わば、家中の者の妻子をも入れ置き申すべしと存じての事と浄光院様御申し成され候えば、（下略）

〔現代語訳〕 浄光院様（佐竹義宣）が、「（秋田南郊の）御処野の台まで敵が寄せてくれば、どうすればよいでしょうか」とお尋ねになったことに対し、（父である義重は）「（藩領南端にある）院内の杉峠を敵が越えたのなら、腹を切って城へ火を懸けるしかない。この小城に籠っても運が開くはずがない。人足が疲れるだけなのに、なぜ大掛かりな普請をするのだ」との御考えであった。そこで「当国は百姓の心根がよからぬ国です。もし一揆などが起これば家中の者の妻子までも入れようと思ってのことです」と浄光院様がお答えになったところ、（下略）

（25）「日記」にはこの記事多し。秋田県立秋田図書館佐竹文庫「寛永三年御上洛御供御合力帳」により詳細がわかる。

（26）「日記」元和三・二・一四、この際の配分銀は、五四〇〇枚、一枚四三匁として二三二貫二〇〇匁。

（27）「日記」元和四・五・一三、この際の配分銀は、

一枚懸　六一二人　一九一八枚

二〇匁懸　九四六人　九四六包
同在郷分　五九〇人　五九〇包
計　一一三貫一九四匁

同上佐竹文庫「元和四年御銀被下候覚帳」はこの際の帳面の原本である。これによると、八五〇石宇都宮恵斎(宗安)の三〇枚以下、城下給人、在郷給人、指南足軽から横手大工・鍛冶、能代役人にいたるまでの詳細がわかる。

(28) 同上佐竹文庫「寛永十九年飢饉之時御貸銀帳」ならびに「同目録」により詳細がわかる。

(29) 一例をあげると、「日記」元和四・八・一九に、秋田北部の谷地開拓のため、新用水建設を命じ、「検地たんれん之者」を派して調査させ、その報告として、人足一〇〇〇人、四間木二本、三間木二本、打切六〇本、丈木《じょうぎ》五〇丁、柴一〇〇荷を投入すれば、本田一〇石を損じて、二〇〇〇～三〇〇〇石の新田を得ることを記している。

(30) 「日記」寛永四・一〇・九所載、寛永二年知行高目録、『新編北羽発達史』上(秋田県教育会、一九〇八年)、三七一頁以下所収、貞享元年領内石高家士給禄調書、「享保十四年御黒印高帳」(秋田県庁所蔵旧秋田藩庁史料)。

(31) 文部省史料館所蔵湯沢佐竹家文書(国文学研究資料館所蔵出羽国雄勝郡湯沢佐竹南家文書)には、一六一一(慶長一六)年～八二(天和二)年間の新田指紙一五通があり、秋田県立秋田図書館大館佐竹文庫には一六一七(元和三)年～七八(延宝六)年間の新田指紙一二通がある。

梅津政景は、自分の預かる藤琴▲比井野▲の蔵入地にトンネル工事で新用水を開き、新田五〇〇石を加増されている(「日記」元和三・六・一八、元和六・一一・一八)。政景はまた家来岡島若狭の名で新田指紙をうけ、八郎潟干拓にも着手している(「日記」

▼**藤琴**《ふじこと》　秋田郡藤琴村(現、秋田県藤里町)。北は津軽領と接する。秋田藩蔵入地として梅津政景が代官をつとめた。一六一七(元和三)年の村高四六七石。

▼**比井野**《ひいの》　山本郡比井野村(現、秋田県能代市二ツ井町)。梅津政景知行所。岩堰用水を引き、二〇〇石の新開地が造成された。

元和八・七・二三以下)。

(32) 「松野文書」(史料編纂所影写本)寛永六・一一・三梅津憲忠黒印覚書。

(33) 角間川新開給人は小野寺氏の旧臣で、角間川新開によって給人に取立てられた。

(34) 「佐竹家中総系図」(史料編纂所謄写本)下に註記してある「新田にて御免」の出自・人数は次の通り。

徒士	一二人
茶屋衆	五人
戸島肝煎	一人
国替に遅参して城下町人となった旧臣	一人
城下町人	一人
院内銀山山先	一人
質屋	一人
その他	一人
計	二三人

(35) 当時の秋田藩ならびに家中の所持する武器数はわからないが、「薩藩旧記」後集三一(東京大学史料編纂所蔵)所収の慶長一七・一二・三〇付の軍衆一紙目録によると、薩藩の武器は弓・槍各二五〇〇に対し、鉄砲は八〇五〇、薩藩家中所持の武器は、弓八七七〇、槍四八〇四に対し、鉄砲七二九六となっている。

(36) 「日記」元和三・四・三、四、一二、元和五・九・一一。

(37) 「日記」元和五・五・一八、七・一三。

(38) 秋田県庁所蔵旧秋田藩庁史料(秋田県公文書館「外町屋敷間数絵図」(県C-一六四))。

▼**大森宗巴**《おおもりそうは》　秋田藩の呉服所として呉服調達を担った。

▼**山下惣左衛門**《やましたそうざえもん》　大森宗巴とともに呉服所をつとめ、また商品の調達も行っている。

▼**水役**　職人が負担する役を一般に水役という。本役のつとめを補佐するものとされていた。

(39)「日記」元和三・四・三。
(40)「日記」元和五・七・一三。
(41)「日記」元和五・三・二七。
(42)「日記」元和四・正・一七、元和五・一一・二一。
(43)「日記」元和四・一一・二八。
(44)「日記」元和五・一二・一六。
(45)呉服は京都の大森宗巴▲・大島宗喜・山下惣左衛門▲、茶は宇治の幕府茶師上林《かんばやし》、あるいは橋本千吉に注文している。
(46)秋田城下町には鍛冶町・鉄砲町のほか大工町・細工人町・船大工町があり、湯沢には大工町、横手・大館・能代には鍛冶町があった。
(47)村井益男「城下職人町に関する一考察」(『国民生活史研究』2生活と社会経済篇〈伊東多三郎編、吉川弘文館、一九五九年〉所収)によれば、上田城下町鍛冶仲間は藩の水役▲を負担する代りに、領内における鍬製造の独占権を与えられたということである。ここに藩が水と労働用具生産の掌握を通じて農民支配を固めるという城下町のしくみをうかがうことができよう。
(48)「日記」元和六・閏一二・二三、二四。
(49)「渋江文書」(史料編纂所影写本)九月二六日付佐竹義宣書状(慶長九年と推定できる)。
(50)「日記」元和二・七・一八に、「越後普請」に当っての鉄請取払の算用のことがみえ、同上元和六・一二・二五には、慶長一六年に鉄を渡して普請道具や門の道具を打たせた算用のことがみえる。

第三節　藩財政の収入面

1　夫役の重さ

上述のような巨大な藩財政の負担を、秋田藩はどのように賄っていたであろうか。まずもっとも基本的な収入源は、いうまでもなく農民からの搾取と収奪である。この藩体制の基本的な関係が確立されていく過程については鎌田永吉氏が詳述されている(1)ので省略し、三つの点だけ指摘しておきたい。

第一に、前述した幕府軍役と藩の軍事支配ならびに領内諸普請との基礎であった軍役・夫役体制は、けっきょくのところ農民からの労働地代搾取に立っていたということである。地方知行をうける家臣は、前述のように、たしかに年貢率も夫役徴集権限も藩より定められ、この点では中世的土着性・独立性を失っていたが、なお雪垣・薪取をはじめ、物成六〇石につき年間二〇〇人、ないし当高一〇〇石につき二三六人の夫役徴発を認められていた(2)。このように家臣たちは過重な軍役負担を知行地農民に転嫁しえたのである。すなわち、農民の夫役は軍役動員を現実に必要とする事情の存する限り重からざるをえなかったのであって、軍役動員の必要が小さくなるにつれて大部分が銀納化されるようになるのである(3)。

第二に、夫役が現実的搾取方法であったことは、当時、なお水田が少なく、生産力も低く、年貢収入にだけ依存できなかった事情をも示している。いま蔵入地の年貢収入について検討してみると、一六〇八、〇九(慶長一三、一四)年の蔵入地総高(4)は両年ともに七万一五四九石余であり、一六〇八(慶長一三)年～一四(慶長一九)年間の七年間の蔵入地年貢米は総計二五万八〇〇石余で、[5] 年平均三万五八〇〇石余にすぎなかったことである。一六一八(元和四)年の蔵米有高は、[6] 四万九九五九石余で、前々年までの払残米が加わっているかもしれないが、一六一四年のいわゆる中竿検地▲で打出された分も加わっていると思われる。しかし、たとえこの有高のうち扶持米を引いた残り全部を換金できたとしても、財政支出全部を賄えたとは思われない。

第三に、秋田藩は当高制▲[7]という特殊な石高制をしいていたが、これは軍役・夫役体制の端的な表現であったと思われる。すなわち、当高とは〔検地石高×免×10/6〕であり、年貢は〔当高×6/10〕ということになる。このような手続は年貢徴集の便宜のためとも考えられるが、軍役・夫役負担の公平のためにいっそう有効な方法であった。たとえば、同じく一〇〇石の知行取でも、検地石高で知行を給されているときは、免の上下で年貢収入に多寡があるので、同じ軍役でも、ある者には他の者より苛酷になることがある。農民に対する夫役のばあいも同様のことがいえるであろう。そこで物成高ないし当高を標準にすれば、軍役・夫役負担のこのような不公平は少なくともなくすことができ、軍役・夫役体制を補強しえたのである。

2 年貢米の販売

ともあれ、藩は年間三、四万石の年貢米をどう処分していたであろうか。兵粮米・備蓄米としての城米、家臣団と夫役人足への扶持米が総額どれほどであったか不明で

▼**中竿検地**《なかざおけんち》　入部直後の先竿検地《さきざおけんち》に続いて中竿検地を行った。のち一六四六(正保三)年から後竿検地《あとざお》を実施している。

▼**当高制**《とうだかせい》　当初、村ごとに年貢率(免)が異なっていたため同じ知行高でも不公平があった。そのため中竿検地に際して、年貢率を六〇%とし、そこから逆算して定めた当高で知行高や村高を表示することで、軍役負担の格差を是正した。

あるが、これを引いた残りは何らかの方法で販売しなければならない。のちにはどの藩でも大坂への廻米が第一の販路になるのであるが、大坂という中央市場が成立していないこの段階で、年貢米販売がどのようにおこなわれたかについては、各藩とも今後の研究にまつべきである。以下、秋田藩について若干わかった点を述べておく。

まず第一に、北海路を通じて上方市場に売払っている。当時大津には、周知のように幕府の蔵をはじめ各藩の蔵宿が建並び(8)、ここで売払われた蔵米は、京都・伏見・奈良等の上方諸都市で消費されたものと思われる。秋田藩の大津蔵宿は、当時中村兵太郎(9)で、大津払米の額は、一六一五(元和元)年の例をとってみると、計八九九一石余、このうち敦賀から大津までの欠米・諸懸りは一八二五石余であった(10)。また敦賀で売払った方が有利な時には敦賀蔵宿に売払わせていた(11)。敦賀の蔵宿は糸屋彦次郎(打它《うちだ》宗貞)(12)、具足屋久介(13)、高島屋伝右衛門(14)、同長之丞(15)等であった。

この敦賀・大津を通じて上方諸都市に米を売払うことは、種々の点で必ずしも有利とはいえなかったと思われる。一つは、このコースでは何度も積替を必要とし、また敦賀―海津、大津―伏見間の駄賃等の諸懸りが嵩んだこと(16)、二つは、当時なお、後年の「天下の台所」大坂のような安定した中央市場が未成立であったこと、三つは、敦賀蔵宿はいずれも越前・小浜・加賀等北国の有力大名の代官的豪商であり、秋田藩の思うにまかせなかったこと(17)、四つは、北海路がまだ危険が大きかったこと(18)、等の理由から、後年の西廻海運開通以後の廻米制のように安定したものとなっていなかった。

このほか藩外払米として佐渡(19)および松前(20)があったが、比重はごく小さかったと思われ

▼**大津**《おおつ》　琵琶湖舟運と上方の接点に位置する港町・宿駅。現、滋賀県大津市。

▼**蔵宿**《くらやど》　年貢米などの輸送や管理・販売を行う者。

▼**中村平太郎**　佐竹氏とは転封以前から密接な関係を有していたとされる。

▼**欠米**《かんまい》　年貢米の輸送中生じる欠損分。

▼**諸懸り**《しょがかり》　年貢米輸送に関わる諸経費。

▼**海津**《かいづ》　琵琶湖西北岸に位置する港町。敦賀と街道(七里半越《しちりはんごえ》)で結ばれていた。現、滋賀県高島市。

▼**西廻**《にしまわり》**海運**　日本海沿岸から西へ向かい、下関から瀬戸内をへて大坂、さらに江戸へ向かう航路。一六七〇年代、江戸商人河村瑞賢《かわむらずいけん》が開発した。

る。
第二に、このように上方・藩外への廻米に制約があった当時としては、領内での米販売こそが大きい問題であった。前述のように、秋田城下町をはじめ町々が町人優遇の開明的な町割をおこなっていたことは、多数の商工人口を集めることにより、領内の年貢米市場を豊かに確保するためであったと思われる。当時、鉱山町を除き領内一般に酒役・室役を課さなかったことも、[21]酒造米消費をはかったためであろう。しかし何よりもまして蔵米の販路として重要であったのは、鉱山町および山林業であった。

鉱山町に対しては米の専売制をしき、違反者を死刑で脅しながら、平米《ひらまい》相場すなわち領内での米小売相場の二倍という高い公定価格で売らせ、[22]しかも米小売役・餅米役・おこし米役・造り酒役等を課するなど[23]二重三重の利益をあげようとした。しかし鉱山の盛況・不振で米の売行は上下した。米が一切売れず小売の引受手がないので強制割当で買わせようとしたり、[24]死刑で脅しても脇米があとを断たず、[25]山師町人の陳情が度重なって、ついに不振のばあいは小売役を免じ平売相場で払わざるをえなくなったり、[26]鉱山町への酒の移入を禁ずるとともに山中では無役で酒造を許したりなど、政策変更を余儀なくされた。[27]山林業においては、藩は山子に本木入すなわち材木伐採供出の反対給付を、はじめは山子の必要に応じて米・銀・銭で支払っていたが、一六一六(元和二)年以来、梅津政景の提案で、米銀半分ずつを主張する山子を抑えて、全部米で支払うことになった。[28]この際、政景の「以来ハ御米国ニ候間、米計ニ而本御入候ハ、、払之御徳参候ハん」*、「本木高(く)いれ候てハ、(木材の)払高(く)候ても御奉公

▼**酒役**《さかやく》　→1章二三頁頭注「造り酒役」。

▼**室**《むろ》**役**　麹屋への課税。

▼**脇米**《わきまい》　→1章三一頁頭注。

▼**山子**《やまこ》　「やまご」とも。木の伐採に従事する労働者。

▼**本木入**《もときいり》　材木伐採にかかる経費を事前に山子に支給するもの。

＊**〔読み下し〕**　以来は御米国に候間、米計りにて本御入れ候わば、払いの御徳参り候わん。

＊**〔現代語訳〕**　米が多くできる国なのだから、これからは米だけで本を入れれば、(材木の)売却銀がそのまま藩の利益となるだろう。

ニ不成候」*という意見は、当時の秋田藩の山林経営と蔵米販売との関係をはっきり示している。

家臣団も年貢米を販売しなければならなかったが、蔵米の販売自体容易でなかったので、これまたいっそう困難であったと思われる。秋田城下町だけでなく、支城ないし組下給人駐屯地に、それぞれ小城下町ともいうべき町立がおこなわれていたことは、ここに集住する家臣団の年貢米市場を確保する意味をもったのであろう。「政景日記」に院内足軽が銀山町で自分たちの米を売りたいと米屋に迫り、ついに米屋から山奉行▲に願い出て、給人・足軽の米も蔵米に便乗して売らせることになったことがみえるが[29]、このように、蔵米と家臣団の米とは競合の条件にあったのではないかと考えられる。

上述のような年貢米販売の困難さと、地方知行と、城下町以外の町立との関連を考えることは、幕藩体制確立の過程、とくにこの段階での地方知行の性格を考察するうえで、一つの問題点であろう。

3　商品流通への課税

蔵米収入が三、四万石という小額であり、しかもこの小額の蔵米の販売にも困難の伴った成立期の秋田藩では、一方に夫役の確保がはかられるとともに、他方では、小物成・諸役銀・諸運上に依存する度合が大ならざるをえなかった。いったい、米年貢が封建地代▲として確立をみるためには、水田の増成とその生産力の向上、および米市場の確立が前提となる。そこでこの前提条件の満たされぬうちは、夫役のほか米以外

*〔読み下し〕　本木高く入れ候ては、払い高く候ても御奉公に成らず候、

*〔現代語訳〕　本木を高く入れたのでは、たとえ木材が高く売れたとしても(藩主への)御奉公にはならない。

▼山《やま》奉行《ぶぎょう》　→1章一四頁頭注。

▼封建《ほうけん》地代《ちだい》　封建的土地所有者である領主が、直接生産者である農民から収奪する剰余労働。

の農工生産物および商品流通への課税がおこなわれるのは当然であった。戦国大名の封建的搾取はこのようなものであったといえよう(30)。しかし秋田藩のばあいは、単にこのような後進性によるとだけいうことはできない。前述したように、羽後の後進性を克服して藩を建設するための財政的な必要と、北海路という特殊な条件によって商品流通への寄生の可能性が大きく開かれていたことが理由としてあげられよう(31)。

では初期秋田藩では米年貢以外にどのような収入がはかられたであろうか。一六一九(元和五)年の横物成・山川徳用金銀合計は、銀一三二三貫七九一匁余であり(32)、前年の蔵米有高四万九九五九石をすべてこの年の米年貢と考えても、銀にして一六一八貫三二匁であり、前者に金銀山運上金銀(33)を加えれば、両者はほぼ相匹敵するといってよい(34)。

横物成すなわち小物成については鎌田永吉氏の研究(35)に譲り、ここでは山川徳用金銀すなわち諸役銀・諸運上金銀について述べる。

まず関税であるが、土崎・能代両湊の出入の船に課する「湊沖ノ口役」、輸出入商品に課する「湊奉書役」ないし「湊通役」、および各境口の出入役がこれであった。「沖ノ口役」の額はわからないが、湊通役、出入役は「十分一役」といわれるように、商品価格の十分一の税率がかけられたのであろう。入役には、「当国不自由ノもの、此国ゟ不出物、なくて不叶物」は無役とし、出役は米・大豆のみに課していたが、大豆を味噌にして輸出するので、これにも十分一税を課した(36)。

諸役銀・諸運上金銀についても鉱山町のほかは詳細にわからない。「政景日記」に

▼**横物成**《よこものなり》　湊通役・酒役・糀役など銀納の諸役を横物成もしくは小物成と呼んだようである。

▼**山川徳用金銀**　山野河川の利用に対して山川野役が課されていた。蔵入地・給地ともに藩が直接徴収した。

▼**十分**《じゅうぶ》**一**《いち》**役**　→1章三八頁頭注「十分一入役」。

＊**〔読み下し〕**　当国不自由のもの、この国より出ざる物、なくて叶わざる物

＊**〔現代語訳〕**　当国で不自由なもの、国内では産出しないもの、なくてはならないもの

は、川役ないし鮭役、野役・山役を競る記事や算用の記事が散見する程度である。鍛冶役については、一六四九(慶安二)年の鍛冶役免許状(37)によって、岡崎市左衛門という者が領内の鍛冶役徴集権を与えられている。鉱山町への諸役銀をみると、領内関税ともいうべき十分一入役、山師・町人屋敷の地子役▲をはじめ、床役▲・板役・流役・炭灰〔すばい〕役・研《ずり》役・鑿脇役▲、灰吹役・鍛冶役・番匠役▲、造り酒役・麺類役、材木役・莨〔たばこ〕役・米小売役・餅米役・おこし米乾飯役、見世役▲、湯風呂役・傾城役▲等々、鉱山町におけるありとあらゆる工・商の営業に課税したことがわかる(38)。

「政景日記」元和六年九月三〇日条によると、その年の正月から九月までの院内銀山の収入はつぎのようになっている。

諸運上	七貫一一七匁三
諸役運上	五七貫七六七匁四五
山役銀	一二貫〇七五匁二
米払代銀	二三九貫五〇一匁四八
鉛払代銀	二一九貫四六七匁八

このうち前掲諸役銀は研《ずり》役・鑿脇役が間歩〔まぶ〕運上銀に加えて諸運上に入るほか、すべて諸役運上である。この二つの運上金銀が幕府へ納められ、他の三つが藩庫に入るのである。山役銀は鐇鉈役▲・炭竈〔すみがま〕役である。以上、三つの諸役銀・諸運上に比べて米払・鉛払の金額ははるかに巨額であり、藩の鉱山経営からの収入は、主として米・鉛の専売制にあったことがわかる(39)。

▼地子《じし》役　→1章四一頁頭注「地子」。
▼床《とこ》役　→1章三八頁頭注。
▼鑿脇《のみわき》役　→1章四一頁頭注。
▼番匠《ばんじょう》役　番匠(大工)に賦課。
▼見世《みせ》役　→1章四三頁頭注。
▼傾城《けいせい》役　→1章二三頁頭注。
▼鐇鉈《よきなた》役　→1章四一頁頭注。

鉱山と並んで藩の収入の源となった山林では、前述のように本木入と材木払代銀との差額が藩庫に入った。「政景日記」元和五年一二月二三日の記事によると、材木払代銀は本木入の三倍から五、六倍に上ったようである。また丈木《じょうぎ》といって山村から現物納させた材木を一〇〇丁三三匁ないし三五匁に売払っている。(40)

このほか藩は収入をはかって、漆実を現物納させ、給人に命じて蝋を搾らせたり、御質屋▲といって鉱山町等で脇借▲を禁止し、町人に経営を請負わせて運上銀をとったりした。

これらの諸役銀・諸運上の徴集は町人に請負わせていた。すなわち藩に納める役銀や運上金銀を半年ずつ総額いくら前銀いくらと競らせ、落札して徴集を請負った役持▲町人に役屋(納税義務者)から徴集させ、契約した額を藩に納める義務を負わせるのである。万一この額を納めきれないと未進負として禁足し、滞納の額によって入牢し、納められなければ家財から妻子まで闕所▲処分にし、この闕所売立銀がまた藩の収入の一つになっていた。競り手がないときに強制的に役を割当て、あるいは町人の要求をいれて直役▲にした。(41)

最後に、上述のような藩財政の商品流通への寄生を保証した条件として、秋田藩独自の貨幣鋳造についてみよう。当時、藩内を流通していた貨幣ないし貴金属には次のようなものがあった。

金貨　判金・小判・壱分判
吹金《ふききん》・金銭

▼**御質屋**《おしちや》　→1章二三頁頭注。

▼**脇借**《わきがり》　他所からの借用。

▼**役持**《やくもち》　→1章二一頁頭注。

▼**闕所**《けっしょ》　→1章二六頁頭注。

▼**直役**《じきやく》　→1章四五頁頭注「直役に召上《めしあ》げ」。

▼**焼金**《やききん》　吹き分けて純度を高めた金。
▼**豆板銀**　丁銀と同じく幕府によって銀座で鋳造された銀貨。五匁《もんめ》前後と丁銀より小さく、補助的に使われた。
▼**永楽銭**《えいらくせん》　一五世紀から流通していた明銭。とくに東国で重んじられた。一六〇八(慶長一三)年に通用が禁止された。
▼**並銭**《なみせん》　近世初期、秋田藩が鋳造した銭。価値は京銭よりはるかに低かった。一六二〇(元和六)年、京銭に切り替えられた。

　　　焼金▲・下金
銀貨　丁銀・豆板銀▲
　　　銀小判・銀銭
　　　灰吹銀《はいふきぎん》・上銀《じょうぎん》
　　　極印銀《ごくいんぎん》
銭貨　永楽銭▲・京銭
　　　並銭▲・半銭(元和初年より通用禁止)

これらのうち、判金(大判)・小判・壱分判・丁銀・豆板銀は、藩内にももちろん流通していたが、主として江戸・上方での請払に当てられ、吹金・灰吹銀は主として幕府運上金銀に用いられ[42]、焼金[43]・下金[44]はこのままでは流通せず、判金・小判に両替された。金銭・銀小判・銀銭は秋田城下で鋳造し[45]、領外、たとえば道中宿場での支払にも当てられている[46]。極印銀は秋田城下はじめ町々で吹屋によって造られ[47]、不定形で、「窪田」「角館」等造った場所を示す藩の極印が捺されてあった[48]。これはもっぱら領内で通用し、領外では丁銀に両替された[49]。銭は並銭禁止後京銭を敦賀まで買いにいっている[50]。

このように秋田藩は、領内産出の金銀を元にして貨幣鋳造をおこなって利益を打出していたばかりでなく、これによって、北海路を通じての商業資本の導入、城下町・小城下町・鉱山町・港町の建設を容易にし、領内年貢米市場を確保し、商品流通への課税に財政の基礎の一つを置くことができた。

▼四ツ高制《よつだか》　小倉《こくら》藩では、夫役などを賦課する際、年貢高四割から逆算した四ツ高を基準にすることで公平化をはかっている。

▼金森長近《かなもりながちか》　一五二四～一六〇八。織田信長に仕えた後、豊臣秀吉配下となり飛騨一国を与えられた。初代高山藩主。

▼京極高次《きょうごくたかつぐ》　一五六三～一六〇九。豊臣秀吉のもとで大津城を与えられていたが、関ヶ原合戦後、若狭一国の領主となり小浜に城を築いた。

▼酒井忠勝《さかいただかつ》　一五八七～一六六二。一六三四年に若狭などを領する一国大名として、小浜城主となった。

(1)　鎌田永吉「知行制度と村落制度——秋田藩藩制確立過程の一考察」(『社会経済史学』二四巻二号〔一九五八年〕)。

(2)　「真崎文書」(史料編纂所影写本)慶長一九・九・二三佐竹義宣青印御定書、『秋田叢書』第一一巻所収、宝永二黒印御定書。

(3)　注(1)前掲鎌田論文。

(4)　「羽陰史略」(『秋田叢書』第一巻六頁)。

(5)　「日記」元和三・一〇・一〇。

(6)　「日記」元和四・六・一八。

(7)　前掲半田市太郎氏論文参照。当高制は、小倉藩の四ツ高制▲その他とともに、いわば軍役高制というべきか。

(8)　『大津市志』中巻〔大津市私立教育会編、一九一一年〕九一四頁以下。

(9)　「日記」元和五・六・二七。

(10)　「日記」元和二・正・二九。

(11)　「日記」元和五・六・二七、八・二八。

(12)　打它宗貞は飛騨の土豪出身、一五八九(天正一七)年、金森長近▲に仕え、山奉行として鉱山を経営して致富、一六〇七(慶長一二)年、主家を脱し、百万両を携えて敦賀に赴き、北海路廻船商人となり、京極高次▲ついで酒井忠勝▲の下で敦賀代官として三〇〇石を知行、越前藩からも二〇人扶持をうけた。このほか打它氏は代々、勝山・村上・長岡・山形・庄内等諸藩の蔵宿を兼ねていた(『敦賀郡誌』〔福井県敦賀郡役所、一九一五年〕一〇八七頁)。

(13)　「日記」元和二・一〇・三、また大聖寺《だいしょうじ》藩の蔵宿をしていた(『敦賀郡誌』四六四頁)。

(14)「日記」元和五・八・二八、また加賀藩の敦賀蔵屋敷を預かり、大聖寺・長岡・新庄各藩の蔵宿を兼ねていた(『敦賀郡誌』四六四・四六六頁)。
(15)「日記」元和七・一一・一三。
(16)古島敏雄『江戸時代の商品流通と交通』(御茶の水書房、一九五一年)第三章一、海運発達の必然性、参照。
(17)「日記」元和七・九・一六、打它宗貞は軍役板を勝手に処分したため蔵宿をやめさせられている。
(18)「日記」元和三・四・一八、元和五・一・一二、元和六・七・一。同じく元和六・二・四によると、軍役板回漕に当り、組舟を藩みずから仕立てるばあい、運賃は安いが難破のとき丸損となるので、運賃は高くとも賃舟にしかずとしている。
(19)「日記」慶長二〇・一一・四。
(20)「日記」元和六・二・八。
(21)「日記」元和五・四・三。
(22)「日記」元和四・二・二一によると、平米相場は仙北高口一俵四匁五分、阿仁は安口七匁、払米公定値は院内銀山では一俵九匁一分、阿仁金山では一一匁とある。
(23)「慶長十八年院内銀山春諸役御運上銀請取覚帳」(「日記」刊本一所収)。
(24)「日記」慶長一七・三・二七。
(25)「慶長十八年院内銀山籠舎成敗人帳」(「日記」刊本一)、「慶長十九年同上」(「日記」刊本二)。
(26)「日記」元和六・三・六。
(27)「日記」元和三・八・二五。
(28)「日記」元和二・一二・一四、二〇、二一、二四。

▼貫高制《かんだかせい》　年貢の銭貨高（貫文高）で土地を表示し、年貢や軍役負担の基準とした。

(29)「日記」慶長一七・三・一二。

(30)いわゆる貫高制▲は、このような米年貢確立以前の封建的搾取に立つ軍役・夫役体制の表現として理解できる。

(31)北海路の起点両港を押える小浜藩では、両港を通過する商品への課税（米仲《すあい》・茶仲その他）に財政のかなりの比重をかけ、終点の松前藩では、蝦夷地交易を独占することで、通過する商品への課税に財政の基礎のほとんどすべてを置いていた。

(32)「日記」元和六・閏一二・一一、一二。

(33)「日記」元和五・一・三。

(34)長州藩のばあいと比べよう。「慶長十三年分周防長門《すおうながと》御蔵入算用状」（「毛利氏四代実録考証論断」〈山口県文書館毛利家文庫「御什書」一一―四〉所収）によれば、

米　五万七六八五石一六七余
銀　　四一七貫六三四匁余
銭　三万三七七五貫七一七文

となる。秋田藩のばあいと同じ米相場、銭相場で計算すると、米は銀一八六〇貫八八四匁余、銭は銀七〇九貫二九〇匁となり、役銀合計は一一二六貫九二四匁となる。長州藩では、楮《こうぞ》・塩浜等を石高に結んで苛酷な課税をおこなったといわれているが、秋田藩に比べると米年貢の比率がはるかに高い。

秋田藩財政のこのような性格は、藩体制の確立、財政窮乏、藩政改革、幕末維新期の財政支出拡大等の情勢変化にともなって変りながらも一貫したものであったようである。佐竹氏が薄斂であったという伝説の一つの根拠は、年貢以外の、農民にとってはいわば間接税ともいうべきかたちの搾取に、財政の大きな源泉を求め得たことにもあるのであろう。

(35)前掲鎌田永吉論文。
(36)「日記」元和七・四・二七。
(37)「秋田藩採集文書」二七。
(38)「慶長十八年院内銀山春諸役御運上銀請取覚帳」(「日記」刊本一所収)。
(39)小葉田淳「近世銀山の領有機構」(『史林』三四巻四号〔一九五一年〕)、「近世銀山の生産の形態と組織」(『史林』三六巻一号〔一九五三年〕)。いずれも同氏『日本鉱山史の研究』〔岩波書店、一九六八年〕所収。
(40)「日記」元和三・五・九、二一。
(41)「日記」によると、この徴税請負制度および役持町人についてかなり具体的にわかる。小論ではこの問題を突っ込んで論じるだけの準備ができなかった。
(42)たとえば、「日記」元和五・正・三。
(43)「日記」元和五・四・二二。
(44)「日記」元和三・一二・二九、元和五・四・一、六・八。
(45)「日記」元和五・二・一三に一六一八年(元和四)に銀銭鋳造のこと、元和六・二・二一には銀小判一〇〇〇両・銀銭三〇貫鋳造下命のこと、同二・二六には銀小判は伸させたが、銀銭は鋳造者が松前に赴いたので鋳造できないこと、また寛永八・九・七に金銭・鉛銭鋳造費用のことがみえる。
(46)「日記」元和八・七・六、七の記事および挿入されている書付によると、白河・本宮・福島の宿で銀小判を支払い、渡瀬で銀銭を渡していることがわかる。
(47)「日記」元和六・閏一二・三。▲この記事によると、藩は極印吹奉行の下で、各町の吹屋に上銀を吹かせ、五分の出目を吹出し、極印銀を造ったことがわかる。五分の出目が出ないときは関係した天秤屋・吹屋に弁償させている。

▼**出目**《でめ》　貨幣鋳造の際、鋳造の経費と額面との間に生じる差益。

(48) 秋田藩の貨幣については、大蔵省造幣局に大小の銀小判、灰吹銀、極印銀が所蔵されている(史料編纂所にこれらの写真が架蔵されている)。銀銭についてはまだそのかたちに接していない。

(49) 「日記」元和三・一二・二九によると、極印銀は丁銀なみに両替された。

(50) 「日記」慶長二〇・一二・一一、元和六・四・二六。

Ⅱ部　史料を読み解く

梅津政景日記について

森下　徹

秋田藩家老《かろう》梅津政景《うめづまさかげ》の日記。原本二五冊のうち巻一六下を除く二四冊は、秋田県公文書館の所蔵であり、秋田県指定文化財となっている。やや大判の竪帳《たてちょう》で（巻四・巻一六下は横帳）、各冊、藩の記録所で整理補修した際の紺の外表紙で覆われ題簽《だいせん》が貼られている。現在では、さらにそれぞれが紺色の帙箱《ちつばこ》に納められ保管されている（次頁写真左）。政景自筆書状と伝えられるもの（『大日本古記録　梅津政景日記六』『同　七』口絵参照）と筆跡を比較することで、その自筆であろうと判断できるものである。近世には秋田藩によって梅津家から召し上げられ、記録所において管理されていた。そのことは各冊の一丁目右上角に捺された「史館之蔵書」の朱印からうかがうことができ（次頁写真右）、地に年紀が書かれていることも関係するのかもしれない。その後、天保期以降に再度梅津家に戻され［鈴木　二〇一九］、一九五二年に梅津家より秋田県立図書館に寄贈され、現在は秋田県公文書館の所蔵となっている。なお秋田県立図書館のほか、東京大学史料編纂所には「梅津政景日記」と題する巻一六下を含んだ原本の影写本があり、国立公文書館（内閣文庫）、国文学研究資料館（小貫《おぬき》家文書）などに抄写本も伝来する。

内容は、一六一二（慶長一七）年二月より政景の死去直前、一六三三（寛永一〇）年三月六日までの日記を主とするものである（一六一三・一五・二三〈慶長一八、元和元・九〉年分を欠く）。ただし巻二上・巻三下は日次記《ひなみき》ではなく「院内銀山籠《いんないぎんざんろう》者成敗人帳《しゃせいばいにんちょう》」、巻二下は同じく「院内銀山春諸役御運上銀請取覚帳《ごうんじょうぎんうけとりおぼえちょう》」であり、また巻四は「御算用極覚日帳《ごさんようきわめおぼえにっちょう》」である。個人日記ではあるが、先例を書き留める公務日記としての性格をもつ。政景は一六〇九（慶長一四）年に院内銀山の山奉行となったあと、一六一二年に再度任命されており、そのときの記事から日記は始まっている。その後、財政を主幹してい

『梅津政景日記』巻１の表紙・帙箱(左)，巻10の１丁目右上に捺された印(右)　秋田県公文書館蔵

た渋江政光《しぶえまさみつ》の大坂の陣での戦死により、かわって勘定奉行《かんじょうぶぎょう》の任に就き、一六一八・一九(元和四・五)年以降は、兄憲忠《のりただ》が家老として藩政全般を、政景が財政万端を担当することとなった。さらに一六三〇(寛永七)年に憲忠が没すると家老職や久保田《くぼた》町奉行の職を担う。こうして藩の枢要を占めた人物の日記であることから、秋田藩でも近世早くから重用されていた(以上については、山口啓二「『大日本古記録　梅津政景』解題」『著作集』②)。

全文が『大日本古記録　梅津政景日記』一～九巻(岩波書店、一九五三～六六年)として公刊されているが、この編纂にあたったのが山口啓二である。「聞き書き」によると、一九四七年に史料編纂所に入所後もしばらくは病気で療養生活を送っていたので(一九四九年～五三年)、実質的に初めての仕事だったという。字体や語彙に慣れるまで苦労をしたこと、毎年一冊を刊行するために毎晩九時まで職場に詰め、夏休みをとる余裕もなかったこと、編纂途中で古島敏雄に『岩波小辞典日本史』(岩波書店、一九五七年)の仕事を紹介してもらい、その原稿料で一九五七年初夏に二週間の現地調査に赴いたこと、などの思い出が語られている(『著作集』⑤)。「『梅津政景日記』との出会いがなければ、私は江戸時代の鉱山史研究者にもならなかったし、近世初頭の歴史研究者としても、ものにならなかったと思うのです」(二三九頁)と述懐するとおり、本書所収の二論文も、この『日記』との格闘のなかで生み出された成果にほかならない。

院内銀山について

吉田伸之

銀山の発見と略史

院内銀山は、秋田県の南端、湯沢《ゆざわ》市院内銀山町にある、かつての銀の鉱山と鉱山町である。ここは、秋田県を代表する一級河川雄物《おもの》川の源流域で、かつて栄えた沢沿いの鉱山町は、金山《かなやま》神社（山《やま》神社）を除き今では一部の遺構のみとなり、全域は深い森に覆われている。

「院内銀山記」（国文学研究資料館蔵）には、その成立の経緯をつぎのように記す。

敦賀《つるが》に本拠をもつ大名・大谷刑部少輔吉継《おおたにぎょうぶしょうよしつぐ》が、関ヶ原の戦いで西軍に与《くみ》し滅んだあと、その家臣で浪人となった村山宗兵衛《むらやまそうべえ》という者が、かつて秋田仙北郡の一揆「退治」のため大谷に従い、訪れたときの縁を頼って、まず角館《かくのだて》近くに逗留した。一六〇二（慶長七）年、家康によって佐竹氏が旧領の常陸《ひたち》から出羽《でわ》に懲罰的に移され、入国するに際しての混乱のさ中、宗兵衛は雄勝《おがち》郡小野村に転居する。そこで小野寺遠江守《とおとうみのかみ》の家中であった浪人らと出会い、その近くに金山があり、数十人の金掘《かねほり》たちが採鉱していることを知る。一六〇五（慶長一〇）年のある時、村山らは、昼なお暗き近くの山中に分け入り、澤沿いを行くと、高さ三〇丈もある屛風のような滝（不動滝《ふどうだき》）を見つける。これをよじ登ったところ、地表に広大な銀の鉱脈が露出し光り輝くのを発見する。そこで翌年秋から本格的な試掘を始め、これは国主（佐竹氏）に上申しなければならないと、家老の渋江内膳《ないぜん》（政光《まさみつ》）に注進した。村山らへはこの功績により「山《やま》先《さき》」の証文が与えられる。そして翌一六〇七（慶長一二）年四月から本格的な採掘が開始されると、これを聞いた諸国の浪人・百姓・町人・出家らが銀山に殺到し、翌年春以降には、「尺寸の明地もなく」山中は住居で埋め尽くされ、院内など周辺にまであふれる。そして山中には「山小屋千軒、下夕町千軒」の計二〇〇〇軒の町屋が密集し、一二町もの町が生まれた。

こうして、発見からわずか数年というまたたく間に、良質な銀を産出する鉱山経営を基盤とする、鉱山町の社会と空間が形づくられたとある。

院内銀山は、秋田藩のなかでも群を抜く規模の鉱山となり、石見《いわみ》や生野《いくの》に匹敵する規模を有し、秋田藩直営の鉱山(直山《じきやま》)として藩の財政を支えた。そしてこれらの銀は、当時の地球的世界と関わった日本の代表的な輸出品となってゆく[山口　一九九三]。銀山としての経営は、近世前期では慶長期(一五九六〜一六一五年)がピークで、その後長期にわたり産銀量は低迷した。その後、天保期にふたたび盛んとなり(「天保の盛り山」)、近世期最大の産出量を記録した。また近代に入ると、一八七九年にドイツ人技術者による指導を得て新たな坑道が掘られ、一八九〇年代に史上最高の銀生産量を記録した。しかし明治末期に急速に衰退し、その後復活をめざすも、一九五四年には廃坑となり、三五〇年におよぶ銀山と銀山町の歴史は閉じられたのである。

院内銀山の支配と構造

院内銀山は秋田藩の直轄支配を受け、山奉行《やまぶぎょう》を中心とする支配機構をもった。近世初期においては、二〜三名の山奉行が常駐し、山法に基づく厳しい支配が行われた。物書《ものかき》・御蔵方《おくらかた》・十分一《じゅうぶいち》役《やく》ら役人(役取衆)がおり、これらは藩の下級武士がつとめた。また山奉行には藩から「指南の足軽」が付属させられ、武力装置となった。また地役人《じやくにん》として、山長《やまおとな》・山廻《やままわり》・牢番・番所役人などがおかれ、支配の末端を形成した。

銀山経営の主体は、山先を中心とする数十名の山師《やまし》たちであった。かれらは山奉行の差配の下で間歩《まぶ》の採掘を、個別にあるいは共同で請負い、藩への運上を負担した。そして山師の下には多数の職人や労働者が従属的に存在した。これらは本書Ⅰ部1章の山口論文にも記されるように、金名子《かなこ》・大工・掘子《ほりこ》からなる。

こうした鉱山の経営や労働に関わる人びとを中心に鉱山町が形成された。その詳細は山口論文が記すとおりである。なかでも、銀山町が、山師らに与えられた屋敷区域である山小屋の町々と、鉱山の経営にともなう諸機能を担う多様な商人・職人などが数多く集まる町域(下町)とに、大きく二分された点が注目される(右表「初期院内銀山の町々」)。これは、城下町において、領主の扶持を与えられて居住する職人町と、商人その他が集まる町人地とが、異なる空間として本来は区分された点とよく似ている。早くからこれら山小屋と下町とは入り組み、その境界が不分明になったとされるが(三七頁)、この点も、城下町における職人町が、町人地と早くから一体化することと同様である。

今一つ注目されるのは、院内銀山と、その近隣にある支城城下の院内など周辺社会との関係である(一四〇頁図「院内銀山とその周辺」)。『梅津政景日記』一・二巻には、一六一二〜一四(慶長一七〜一九)年当時、支城所預りであった箭田野《やだの》義正《よしまさ》が支配する院内町や、近隣の小野・横堀《よこぼり》・長倉《ながくら》などの地名がたびたび記され、また政景ら山奉行と所預りとのやりとりが頻繁に見られる。そしてこれら院内銀山外部の隣接地域に対しても、山奉行によって、見世《みせ》役・傾城《けいせい》役・酒役・灰吹《はいふき》

表　初期院内銀山の町々

山小屋	四郎兵衛沢町
	南沢町
	炭焼沢町
	勘四郎沢町
	酒田沢町
	石垣町
	都平町
	塩屋小路町
	荒川小路
	四百枚小路
	熊谷小路
	塩谷引分小路
	炭灰小路
	三十枚小路
	野田小路
下町	面役町
	山神町
	荒町
	上川原町
	中川原三町★
	五十集町
	下川原三町
	青物町
	精進物町
	千枚口町
	山先町
	上京町
	下京町
	京町末
	鍋屋町(京町末ヵ)
	味噌屋町
	傾城町★

『院内銀山記』および，「秋田藩初期の金銀山」著作集２巻284頁より。
★「日記」記載で補う。

役・川研役《かわずり》などの運上が課されていることがわかる。院内町は羽州街道沿いの宿場町でもあり、この地帯における流通の中核としての機能を有し、また秋田藩南端の要衝として関所がおかれる防衛上の拠点であった。城下町久保田につぐ規模の都市として急激に拡大・発展した院内銀山町と、院内町など周辺社会とは、多様な面で不可分の関係をもったと見られるが、その具体的なようすを明らかにすることは今後の重要な課題の一つである。

【参考文献】

［荻　一九九六］
［小葉田　一九五一〜五五］（［同　一九六八］に収録）。
［山口　一九六〇］（『著作集』②に収録）。
［山口　一九九三］
［おがちふるさと学校院内地域づくり協議会編　二〇一五］

◆史料研究ノート1

院内銀山町の商いと町定

Ⅰ部1章第二節で詳しくふれられている「町定《ちょうさだめ》一件」に関する『梅津政景日記』慶長一七年一〇月二三日条を読みながら、院内銀山における売買のようすを見ておこう。

吉田伸之

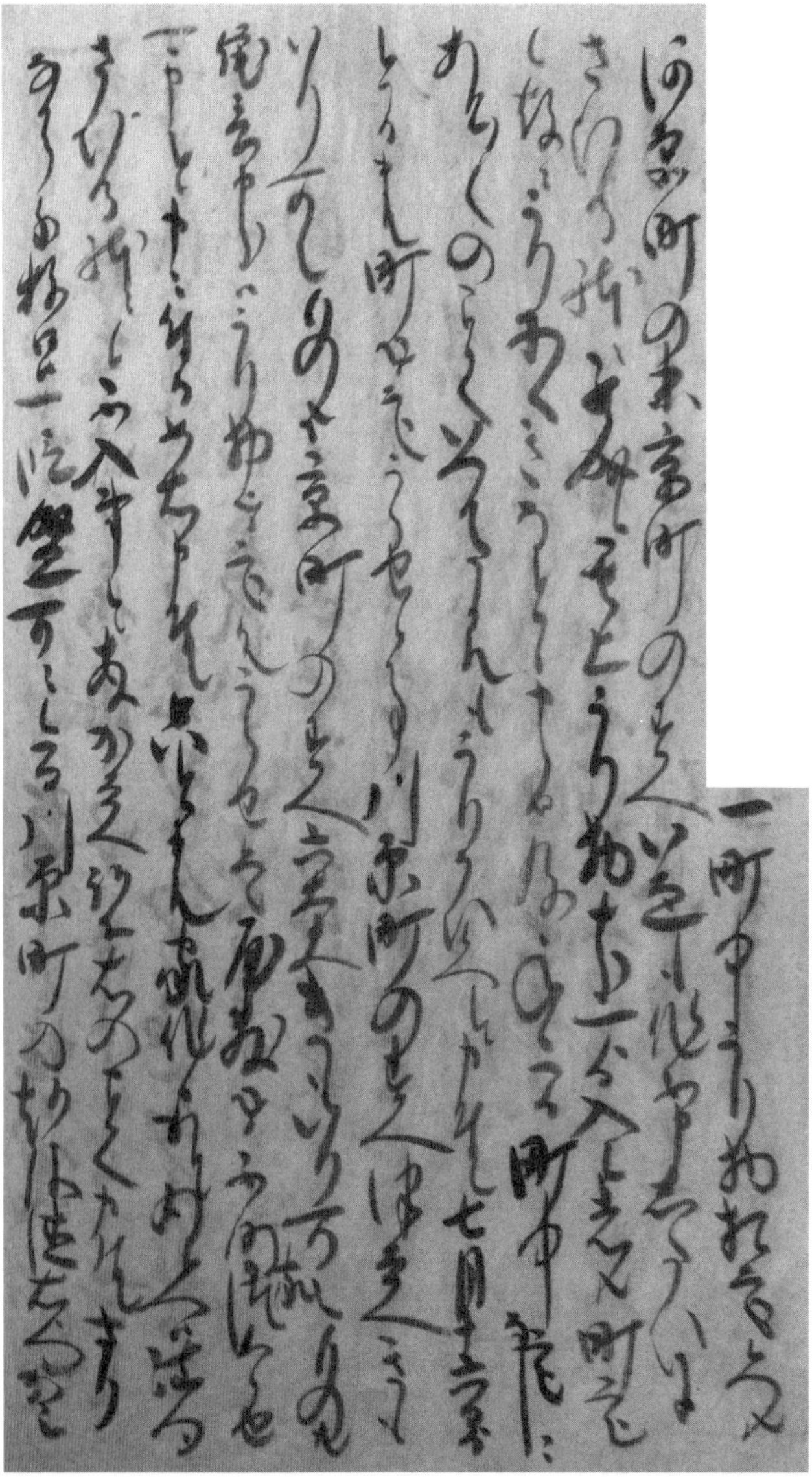

『梅津政景日記』慶長17(1612)年10月23日条(秋田県公文書館蔵)

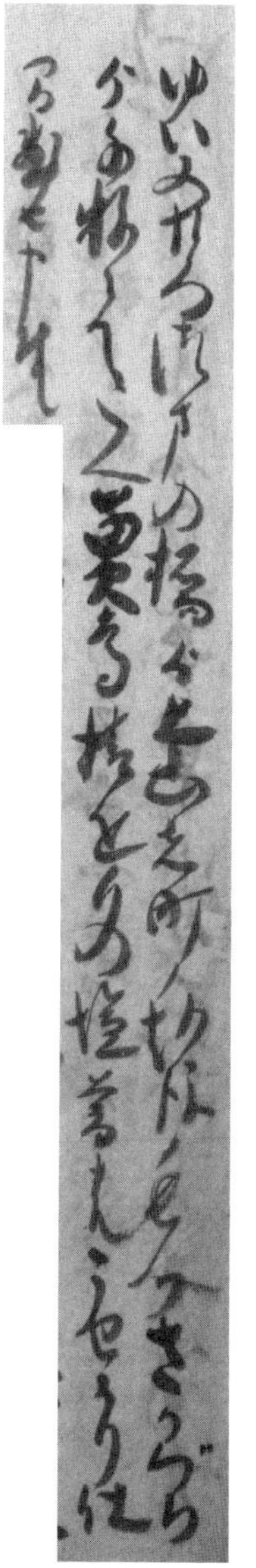

▼釈文

一、町中うり物[1]相定候へ共、河原町の末、京町のすへ、いゑも作不申、したいにさひる[2]躰ニ罷成候、其上うり物十分一[3]ゟ入候者共、町定候故ニうりにくきなと、申候由、及承候間、町中定なしニ、あと〱のことく[4]、いつかたにても、うりかい候へと申付候、七月十六日ゟ今日まで、町を定、うらせ候事、川《(河、下同ジ)》原町のすへ、津兵へきもいり[5]所之もの共、京町のすへ、六大夫きもいり所之もの共、侘言[6]申分ハ、うり物を定候て、うらせ候ハヽ、屋敷を不明、○家つくらせ可申と申ニ付而、如右申付候、只今まで家作候かと存候へハ、結句[7]さひる躰ニ候、不入事と存、加兵へ[8]・我等[9]右のことく申付候、さりなから千枚口ハ、一段盛所ニ候間、川原町の越後徳右衛門、かミ《(ミカ)》ゆい又左衛門、つまの橋[10]ゟ上、山先町[11]ノ越後ノ長介、さかぐちゟ千枚之かたへ、魚鳥・精進もの[12]・塩曾[13](噌)まてうせうり[14]仕間敷由、申付候、

▼語句説明

1うり物　売物。販売する商品。**2さひ(び)る**　寂びる。さびれる。**3十分一**　十分一役所。院内銀山東端の入口にあった「入役」の徴税を行う役所。**4あとあとのことく**　跡々の如く。以前からのように。**5きもいり**　肝煎。院内銀山の下町を構成する町におかれた町役人。**6侘言**　わびごと。訴え。訴訟。**7結句**　けっく。結局。**8加兵へ**　川井加兵衛。

梅津政景・介川《すけがわ》左門《さもん》（この年の一〇月一七日に突然死）とともに、当時院内銀山の山奉行。**9我等** 私。梅津政景のこと。**10つまの橋** 端（褄《つま》）の橋か。院内銀山町の中央には雄物川源流とされる銀山川が流れ、古絵図によるといくつかの橋が架かっていたが、末端部分の橋かと推定される。固有名詞の可能性もある。**11山先町《やまさき》** 山師らに与えられた屋敷地から構成される町々。山小屋とも。町人たちの居住域（下町）に対して用いられる。**12精進もの** 野菜や海藻類の食べ物。**13塩噌《えんそ》** 塩と味噌。**14みせうり** 見世売。常設店舗での商売。振売《ふりうり》に対して用いる。

▼読み下し

一、町中売り物相定め候えども、河原町の末、京町の末、家も作り申さず、次第に寂びる体にまかりなり候、その上、売り物、十分一より入り候者ども、町定め候故に売りにくき、などと申し候由、承り及び候あいだ、町中定めなしに、跡々の如く、何方にても、売り買い候えと申し付け候、七月一六日より今日まで、町を定め、売らせ候事、河原町の末、津兵衛肝煎《きもいり》所の者ども、京町の末、六太夫肝煎所の者ども、侘言《わびごと》申す分は、売り物を定め候て、売らせ候はば、屋敷を明けず、家を作らせ申すべしと申すに付て、右の如く申し付け候、ただ今まで家作り候かと存じ候えば、結句寂びる体に候、入らざる事と存じ、加兵衛・我等、右の如く申し付け候、去りながら千枚口は、一段盛んの所に候あいだ、河原町の越後徳右衛門・髪結《かみゆい》又左衛門、つまの橋より上、山先町の越後の長介、坂口より千枚の方へ、魚鳥・精進物・塩噌までうせ（見世）売り仕るまじき由、申し付け候、

▼現代語訳

一、（院内銀山町では）町ごとに、その町で売買してよい商品の種類を定めたが、河原町や京町の端では、（こうした町定めによっても）家作も行われず、段々と寂れるようになった。さらに、商品を持って十分一から銀山町に入ってくる者た

ちは、「町定めがあるので売りにくい」などと言っている。そこで、町定めをやめて、以前のように、(銀山町の中では)どこでも売買してよいと申しつけた。

七月一六日から今日まで(三か月間)、町定めを施行して商売させたのは、肝煎津兵衛の差配する河原町(下町)や、肝煎六太夫の差配する京町端の者達が、「私たちの町に売り物を定めていただき、商売することができれば、屋敷地を空き地のままとせず、(商売人に)家作させるようにいたします」と言うので、町定めを言い渡したものである。

現在までには家作がされているかと思っていたところ、結局は寂れたままのようすであるので、町定めは必要なかったものと判断し、(山奉行である)川井加兵衛と私から、このように(町定めの停止を)申しつけた。しかしながら千枚口あたりは、いちだんとにぎわっているところなので、河原町の越後徳右衛門と髪結又左衛門の家がある端の橋から上、すなわち山先町の越後長介のあたり、坂口より千枚の方では、「魚鳥や精進物、塩や味噌を見世売りしてはならない」と申しつけた。

▼解説

町定とその停止

Ⅰ部1章山口論文の後半で重要なのが、院内銀山における町定一件に関する考察である(三七〜四〇頁)。ここでは、論文でもふれている『梅津政景日記』慶長一七年一〇月二三日の、町定が停止されたときの記録を読んでみたい。

町定というのは、ある商品の店舗販売を、特定の町に独占させることが公的に認められることを意味している。一六一二(慶長一七)年三月二八日、院内銀山内の河原町の町人たちは、自分たちの町内で営業してきた青物店が、山師たちが集まる上町の方に移動してしまい、町内がさびれてしまったと訴え、具体的な対策を梅津政景ら山奉行に願い出た。そして、松か莚《むしろ》を河原町だけで販売できるよう、求めたのである。つまり、松や莚という商品は、河原町の店でだけ扱えるように

表　1612（慶長17）年，院内銀山における町定

	肝煎	7月16日からの売り物	6月26日案から削除された売り物
上町	六郷孫左衛門尉	莚・なわ・ざる・たたみ・ござ・こも	松・請酒・鉄
中町（3町）	久左衛門尉	うほ・鳥	
下町（3町）	津兵衛・最上三郎左衛門	青物類	
つら役町	大坂四郎左衛門尉	材木・小羽板・わら・かや	
京町の末	六大夫	味噌・塩・なべ・かま・せと物類	請酒・鉄

することで、河原町のにぎわいを取り戻そうということである。

これに対して山奉行は、山内町々の現況を調査し、千枚口という上町ばかりが栄え、とくに河原町がさびれ、空き屋敷が多く見られることを確認している。そして七月一三日に、河原町を中心に、山内の下町各町に上の表のように「売り物を定め」ることを決定し、七月一六日から施行したのである。

この町定の施行の前後、いくつかの品目をめぐる問題が発生した。松と請酒《うけざけ》・鉄・青物などについてである（三八～三九頁）。そして一〇月三日に、「山中家持共」が、「うりみせ定め候て、不自用に候間、あけ候様に」（町定で売り店が限定されて、不自由になったので、撤回してほしい）と出願した。これに対し政景らは、「今後は店売りを望まない、と誓約せよ」と命じ、その結果、この一〇月二三日の記録にあるように、七月一六日以来の町定を停止することとなったのである。

一〇月二三日の記事からは、院内銀山における商品流通の担い手やその周辺には、少なくともつぎの三つが存在することが窺える。

a　下町の家持
b　売り店（店舗営業者）
c　十分一から山内に入ってくる商人

aは屋敷地の所有者であり、なかには店舗営業を営む者も含まれていると見られる。bは、aは屋敷地（の全部か一部）を借地し、そこに店舗を含む家作を建て、あるいは借家をして営業する者である。かれらは、銀山外部から商品を仕入れる問屋であり、また店舗で

小売りを行う場合もあったであろう。cは、銀山外部から商品（売り物）を持ち込む商人である。これには、bに卸売りする場合と、山内で直接小売りに従事する場合が想定できよう。またこの史料には出てこないが、b・cとは別に、山内に居住し、bから商品を仕入れて小売りに歩く商人（振売）が分厚く存在したことが窺える〔吉田 一九九〇〕。

このうち、地主であるaに、bは地代や店賃を支払うわけであるが、院内銀山内のどの町で店を借りて商売するかについて、aはこれを統制・拘束することはできない。このため、特定の町域——ここでは千枚口あたり——に、前頁の表に見られるような生活必需品の売り物を扱う店舗が集中してしまい、他町では空き屋敷がめだち、衰微することとなる。しかし町定の下では、それぞれの品目を特定の町でしか販売できないこととなり、aはbの店舗を自身の町内に拘束できることとなる。

町定と役編成

こうして一六一二年七月半ばから一〇月下旬までの三か月あまり、院内銀山の下町域では町定が実施され、その後停止されたわけが、こうした町定は、表に見られる品目についてだけ行われた施策ではなかった。

まず当初、町定の対象とされる予定であった松や莚、鉄や請酒については、いずれも各方面から苦情が出て、対象から除外している。また注目されるのは、『梅津政景日記』寛永四（一六二七）年八月四日条の記載である（読み下し文とした）。

山師どもいろいろ侘言《わびごと》のうち、「絹布・木綿・紙・茶などの様なる物、跡々京町に定まり候故、迷惑致候、振売に仰せ付けられ候らえ」と申し候、「これは久保田にても、それぞれの町定まり候えども、振売はご法度《はっと》なく候間、その分に申しつけられべき」由、挨拶致し候、「もし振売多く候て、京町空き候はば、両人衆見分次第に、一両月も過ぎ候て、振売に役を申しつけ候え」と両人衆へ申し理《こと》わり候、

〔現代語訳〕山師たちが、院内銀山奉行（中川重忠《しげただ》・信太《しのだ》又左衛門）宛の訴えで、「絹布・木綿・紙・茶のような商

品は、以前から銀山内の京町で扱うことが決められていて迷惑です。振売に仰せ付けて下さい」と言っている。これは、久保田城下町でそれぞれ町定があるが、振売については規制がない。こうした久保田と同様に命じるべきであろう」と(政景は両奉行に)挨拶した。「もし振売がたくさんいて、京町に空き屋敷がふえるようなら、山奉行両人が現地を調べ、一～二か月過ぎてから、振売に役負担を申しつけよ」と両人に指示した。

この史料の意味は難しいが、振売についてはかつて[吉田 一九九〇]で検討を試みた。ここでは、院内銀山では先の表にみられる生活必需品を中心とする品目以外に、絹布・木綿・紙・茶などが、京町のみで扱える品目であったことに注目したい。これらは三都や各城下町の中枢においてのみ販売の独占が許されることが多い品目であり、銀山内の町々における京町の特権的な地位が窺える。そして京町におけるこうした営業特権、すなわち町定は、ここで見た町定一件とは関わりなく、存続したことになろう。

また今一つ、傾城(遊女)があげられる。『梅津政景日記』には院内銀山における傾城をめぐる記事が数多く見られる。これらから、

i　傾城が性売買を担う「商品」として扱われていること

ii　傾城を用いる営業＝傾城屋は、特定の町域、すなわち傾城町でのみ許されていること

が窺える。つまり傾城＝商品をめぐって、町定と同様の状況が見られたことになろう。一方、傾城屋の営業に対しては運上請負人により傾城役の運上が行われた。この点は、銀山の採掘・精錬と関わる営業とともに、山奉行が役によって山内の諸営業を編成するシステム[塚田 一九九四]に包摂されていたことになり、町定と役編成とが相互にどのような関係をもったのか、検討すべき問題となる。

以上、院内銀山における町定の史料を見ながら、近世初期鉱山町の町と売買、あるいはその担い手について見た。これらは、院内銀山町という閉じた都市空間における流通施策であるにとどまらず、秋田藩の久保田城下町でも、また江戸を

始め全国の城下町などでも見出すことができる。こうして、山口による院内銀山町における町定一件の検討は、その後の都市史研究、流通史研究などの展開に、重要なきっかけを与えたことが確認できる。

◆史料研究ノート2

「領内の上方」と年貢米処理

近世初期における秋田藩財政の特徴を、年貢の処理方法に関してふれた『梅津政景日記』寛永六年三月一五日条を読み解くことで考えてみたい。

森下　徹

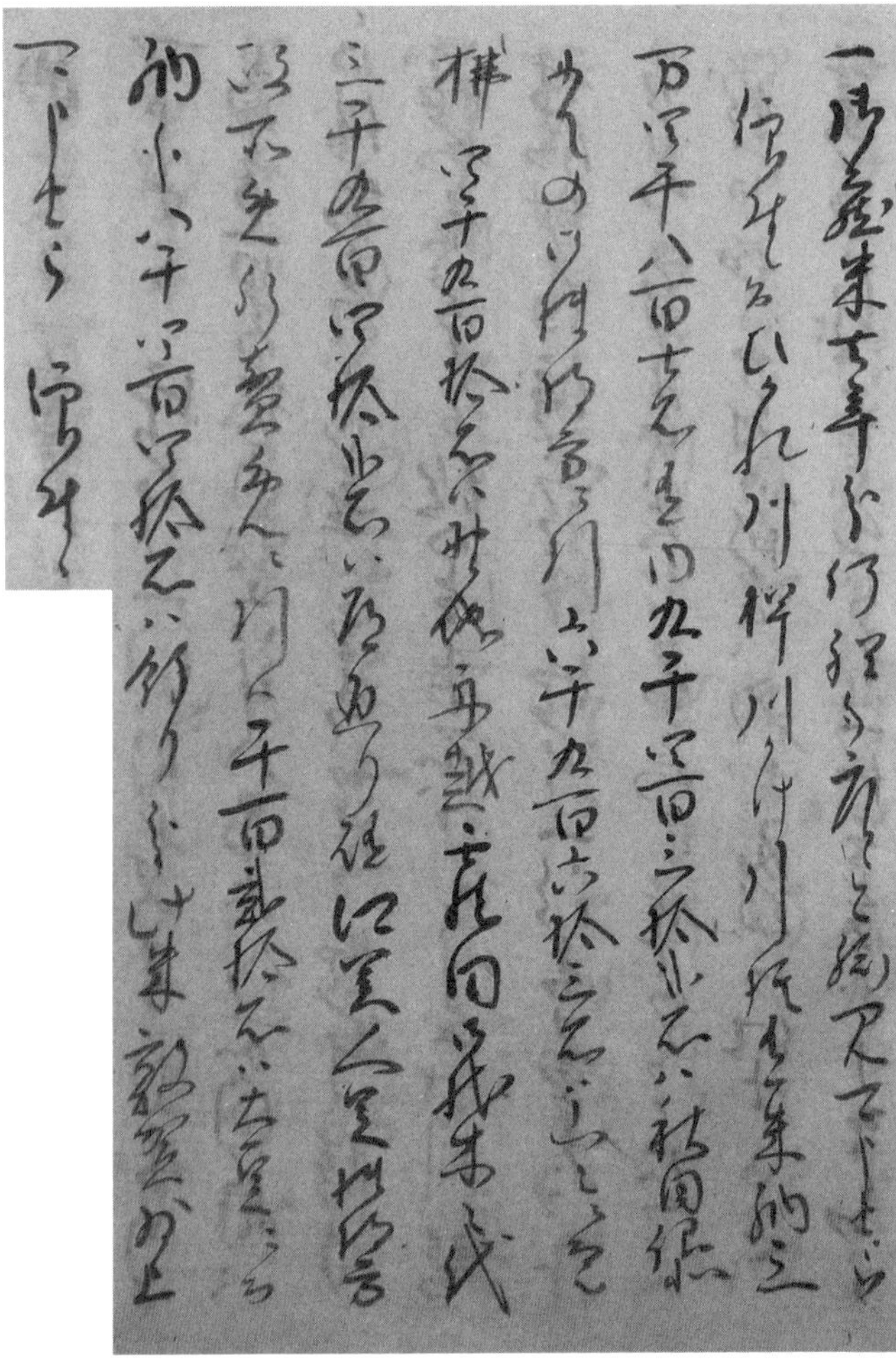

『梅津政景日記』寛永6（1629）年3月15日条（秋田県公文書館蔵）

▼釈文

一、御蔵米[1]去年分何程御座候と糾[2]見可申由、被仰付候間、ひかれ[3]・川押[4]・川かけ[5]引捨、有米納三万四千八百七石有、内九千四百三拾弐石ハ秋田・仙北[6]にての御扶持方ニ引、六千九百六拾三石ハ山々ニ而之払、四千九百拾石ハ野城・舟越[7]・窪田[8]御材木之代、三千九百四拾弐石ハ道通り賄、郷関人足[9]扶持方、政所免・肝煎免[10]ニ引ハ(衍カ)、千百弐拾石ハ大豆ニ而納分、八千四百四拾石ハ余り分、此米敦賀へ為上可申由、被　仰付候、

▼語句説明

1御蔵米《おくらまい》　蔵入地《くらいりち》からの年貢米。**2糾**《しらべ》　調べる。**3ひかれ**　干涸《ひがれ》。干損のこと。**4川押**　洪水のことか。**5川かけ**　川欠。洪水での決壊により被害をうけた耕地。**6秋田・仙北**《せんぼく》　秋田藩領の北半を秋田、南半を仙北と呼んだ。**7野城**《のしろ》**・舟越**《ふなこし》　米代川《よねしろがわ》河口の野城(能代)、八郎潟《はちろうがた》南の舟越は材木の搬出港だった。**8窪田**《くぼた》　久保田。秋田藩の城下町。明治初年に秋田と改称された。**9郷関人足**《ごうせきにんそく》　用水路を造成ないしは補修するための人足。**10政所免**《まんどころめん》**・肝煎免**《きもいりめん》　代官と村の肝煎に給付されたもの。

▼読み下し

一、御蔵米去年分何程御座候と糾べ見申すべき由、仰せ付けられ候あいだ、ひがれ・川押し・川かけ引き捨て、有り米納め三万四千八百七石有り、内九千四百三十二石は秋田・仙北にての御扶持《ふち》方に引き、六千九百六十三石は山々にての払い、四千九百拾石は野城・舟越・窪田御材木の代、三千九百四十二石は道通り賄い、郷関人足扶持方、政所免・肝煎免に引き、千百二十石は大豆にて納め分、八千四百四十石は余り分、この米敦賀へ上《のぼ》させ申すべき由、仰せ付けられ候、

▼現代語訳

一、去年分の御蔵米はいかほどだったか調べるように藩主がお命じになったので（調べたところ）、干涸・川押し・川欠を引いて、納入された米は三万四八〇〇石あった。うち九四三二石は秋田・仙北で給付する御扶持方に充当し、六九六三石は鉱山で売却、四九一〇石は能代・舟越・久保田での御材木の本木入《もときいり》に、三九四二石は道普請《ふしん》や用水普請への扶持、政所免・肝煎免にあて、さらに一一二〇石は大豆での上納分となる。（それらを引いた）八四四〇石が余りとなる。（以上を報告したところ、）この米を敦賀へ上させるようにお命じになった。

▼解説

蔵米の処理方法

財政を所管していた家老渋江政光が大坂の陣で戦死後、梅津政景が勘定奉行に相当する任を担うことになった。算用場に毎日出勤し、それぞれの役向から提出された算用帳を確認、決算をしたうえで藩主の決済を得るという役務についていた。ために『日記』には財政関係の詳細な記事が豊富に記載されている。I部2章山口論文もまた、そうした記事に基づいた成果にほかならない。掲示した史料は、一六二九（寛永六）年三月一五日、藩主の命を受けた政景が、前年に蔵入地から徴収した年貢米の処理の仕方を説明したものである。

なお佐竹氏は転封に際して石高の指示を受けていなかった。そうしたなか入部直後の先竿《さきざお》、一六一三・一四（慶長一八・一九）年ごろの中竿《なかざお》と、検地を繰り返すことで村々の石高や家臣の知行高を確定してゆき、一六二五（寛永二）年時点では本田二三万三五三〇石余、新開一万四七二三石余になったと記録されている〔寛永四年一〇月九日〕。ただし蔵入地については、一六二二（元和八）年で八万一九五六石余と〔元和八年四月四日〕、ほぼ三割を占めるだけであり、脆弱なものだった。

　掲示史料によると、川欠などでの年貢免除地分を差し引いて、蔵入地から収納できた一六二八(寛永五)年分の年貢は三万四八〇〇石とされる。ちなみに一六二二(元和八)年分を参照すると、上述の蔵入高から「川欠荒《かわかけあれ》分」二万二七一石四斗二合に加えて前年の「日枯《ひがれ》」分三万一七二石五斗一升九合を引き、残った高は四万八六一二石と、本来の蔵入高の半分強だった。そこから五ツ半の免で徴収したので、結局一六二二年の年貢額は二万六七三六石余でしかなかった〔前掲記事〕。藩の経済基盤は、もともと蔵入地の割合が少なかったうえに、この当時の生産力水準の低さともあいまって、不安定なものにならざるをえなかった。

　では、そうして徴収した年貢をどのように処理(換金)するのか。まず、およそ四分の一にあたる九四三〇石は、藩から直接給養される家臣への扶持方に、また六九六三石は鉱山での払米《はらいまい》に、四九一〇石は御材木の本木入にあてるとある。院内銀山をはじめとする鉱山からの運上銀は藩の重要な収入源であり、そこで働く多数の人たちが必要とする食料は、相場よりも高い値で藩が独占的に売りつけていた(I部一章四二頁)。また材木も秋田藩の特産品であり、やはり重要な藩の収入源となっていた。その際、山子《やまこ》への必要経費を本木入と称して藩が前払いしており、それを蔵入地からの年貢米で充当した。上方《かみがた》へ廻漕するとその数倍の値で売れたのだった。鉱山も材木も、運上銀や販売代銀が収益になるとともに、蔵入米の処理という点からも二重に藩の利益となるものだった。そのほか三九四二石は、生産力整備のための諸普請の経費や、代官・肝煎への給付分とされ、さらに大豆での上納分が一九四二石あった。以上を差し引いた八四四〇石、約四分の一を上方(敦賀)へ上《のぼ》すよう指示されている。

　ここで特徴的なことは、およそ四分の三がまずは領内で処理され、余った分を上方で販売していることである。これに先立つ閏二月一三日には、「被仰出分ハ、半右衛門居不申候間、御米之指引致、山々にての払残り米大津へ被遣候へと、御意ニ候」(仰せ出さる分は、半右衛門居り申さず候間、御米の指し引き致し、山々にての払い残り米大津へ遣わされ候えと、御意に候」（寛永六年閏二月十三日）と、家老だった兄憲忠（半右衛門）が在府中につき、かわりに年貢米の処理方法を検討し、鉱山へ販売した残りを大津へ廻すようにと、藩主から指示されていた。三月一五日条は改めて具体的な処理方法を上申したものだったことになるが、このときもまずは領内で処理をし、残った分を上方へ廻米することが想定されていた。年貢米処理の第一の場所は領内であって上方ではなかった。上方の年貢米市場がいまだ不安定であるという、近世初期に特有な事態だといえようし、それだけ鉱山や材木伐採での販売——山口はそれらを「領内の上方」と呼んだ——の占める比重が大きかったということでもある。

城下町での処理

ただし疑問が残るのは、「領内の上方」という場合、久保田城下や、大館《おおだて》・横手《よこて》をはじめ、たくさんあった支城の城下町での販売が上がっていない点である。たとえば一六一八（元和四）年にも、「御蔵米有高当年之分」を四万九九五九石余としたうえで、「敦賀・山々・諸材木・惣御扶持かた、諸在郷へ御借米ニ指引候へハ、無残」（敦賀・山々・諸材木・惣扶持かた、諸在郷へ御借米《かしまい》に指引《さしひ》き候えば、残りなし）と、敦賀、鉱山での払米、諸材木への本木入、御扶持方、諸在郷への御貸米として処理すれば残らない、としており（元和四年六月一八日）、やはり久保田や支城城下町での販売については記載されない。

ここで一六二七（寛永四）年時点で久保田や支城に配属された家臣団の概要を見ておくと、久保田に五四九人、在々八ヶ所に計三三九人の知行取《ちぎょうとり》がおり、さらに足軽《あしがる》がそれぞれに一一四〇人と四四五人いた（一五六頁第1表）。しかもこれには所預《ところあずか》りなどの大身や、一五〇人ほどいたという横手番士などが含まれず（『秋田県史』二巻　近世編上、一五四頁）、知行取の家臣はもっと多かった。また足軽は蔵米で給養されたのではなく、知行地を与えられていた。足軽も含めてこれら多数の家臣が、領内の七割を占める知行地を領したわけである。そこからすると、久保田や支城の城下町は、蔵入米の二倍を越える知行米の販売をもっぱら保障する場所としてあったのではなかろうか。そうであれば、他藩には見られない秋田藩に独特なあり方だということになる。

なお七一頁掲載のモデル図のとおり、久保田は、城を核に、武家屋敷地である内町《うちまち》と町人地である外町《とまち》とが区別され、外縁部に寺町と足軽町がならぶという、整然とした街並みからなっていた。一方、たくさんあった支城城下町はどうだろうか。藩内北方（比内《ひない》）の大館《おおだて》の場合、大館城を囲んで内町が、その西と北を取り囲むように通る羽州《うしゅう》街道にそって外町

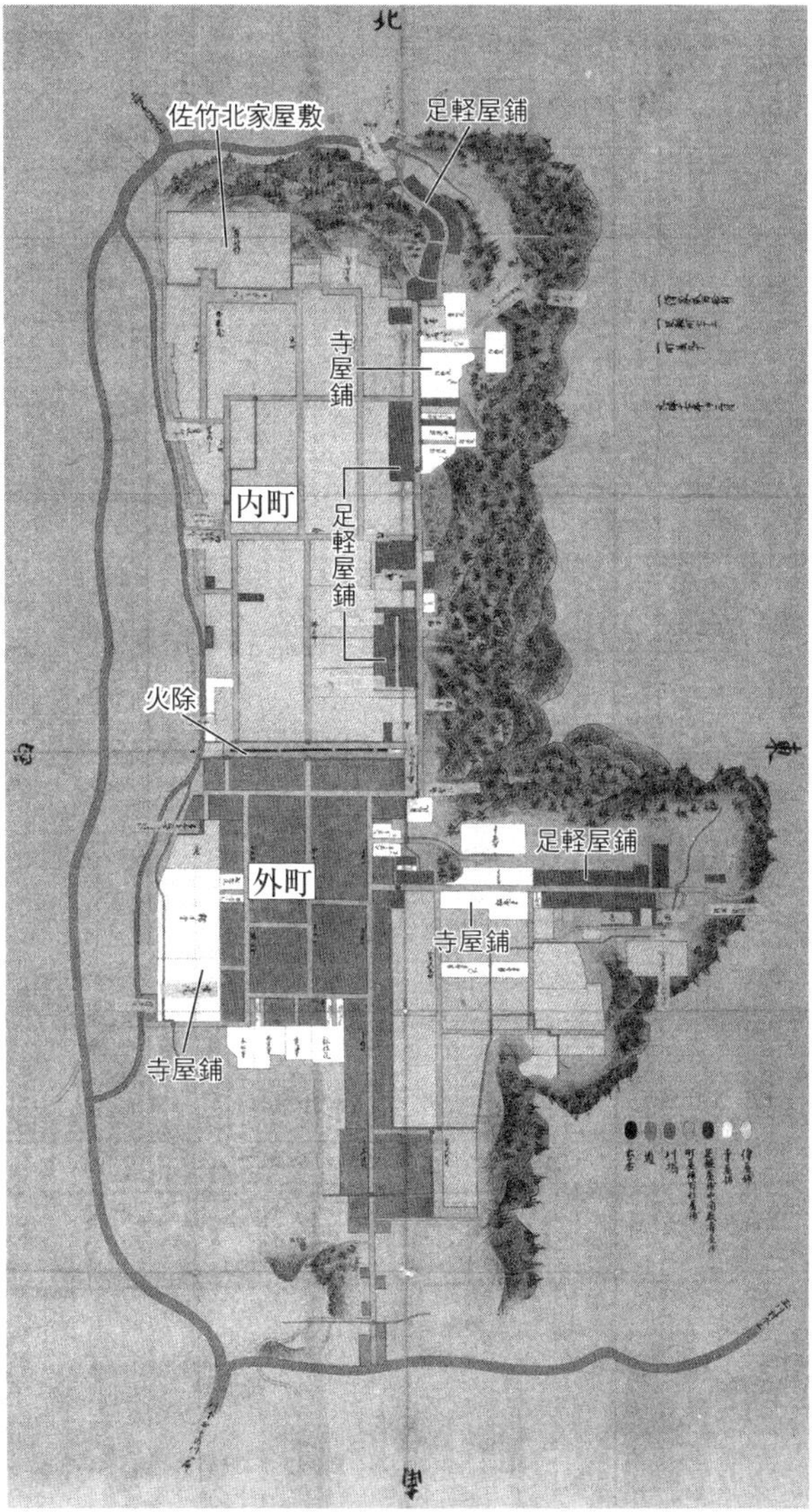

角館の絵図（秋田県公文書館蔵「仙北郡角館絵図」） 北端に所預りである佐竹北家の屋敷があり，その南に侍町である内町が広がっている。現在ここは重要伝統的建造物群保存地区に指定されている。さらに火除を挟んで町人町である外町が続く。周囲には寺屋鋪，東側には足軽屋鋪（中間・厩者屋鋪も含む）もある。

がおかれた。その西端には足軽町が配されたし、寺町もあった。また南方（仙北）の横手でも、横手城を囲んで上内町・下内町が、横手川を挟んだ対岸に外町と寺町が配置されている。下内町には足軽町もあった。そのほかでは城は破却されて館構《たてがま》えとなったものの、たとえば角館では中央部の火除《ひよけ》で南北に分けられ、北には佐竹北家の屋敷と内町が、南には外町があったように、いずれも内町と外町、足軽町、寺町からなる久保田城下の相似形だったことは共通していた。なお、支城城下町のようすについては、デジタルアーカイブ秋田県公文書館、http://da.apl.pref.akita.jp/koubun（二〇二〇年四月閲覧）で見ることができる。久保田ばかりか、このように領内各所に設置されたミニ久保田とでもいうべき場所において知行米を売却させ、それによって蔵米処理との住み分けをはかったものと考えることができる。ただし、時に両者の競合も起こったらしい（八八頁）。上方を頼らず、領内の城下町だけで処理することには限界もあったということであろう。

秋田藩は領内の開発を家臣に知行地として与えることで奨励し、新田は指紙開《さしがみびらき》として家臣知行地に組み込ませた。一七世紀後半までに増加した新田を見ると、ほとんどそうした知行地が占めている（Ⅲ部2章森下論文）。要するに、減転封で大幅に知行高の減った家臣の再生産を保障するために、末端の家臣にまで知行地を与えて新田開発を奨励し、そのことが結果的に独特な年貢処理の方法を生み出していたということなのであろう。「領内の上方」は、藩だけではなく家臣にとっても必要なものだった。

Ⅲ部　山口啓二に学ぶ

1章　院内銀山の都市社会史研究に学ぶ

吉田伸之

はじめに

本書I部1章に掲載する山口啓二の論文「近世初期秋田藩における鉱山町――院内銀山を中心に」(以下、本論文と略称)は、最初に伊東多三郎編『国民生活史研究』2巻(吉川弘文館、一九五九年)に発表され、その後、山口の論文集『幕藩制成立史の研究』(校倉書房、一九七四年)に収録された。また、『著作集』②「幕藩制社会の成立」にも再録されている。[1]

山口自身も明示しているように、本論文は、小葉田淳の研究成果を前提として執筆された。小葉田による一連の院内銀山研究は、銀山に関する事実を実証的に明らかにしたという点で高度なものであり、当時は基礎史料である『梅津政景日記』の翻刻・刊行がまだ緒についたばかりという条件の下で、細部にわたり精緻に分析した点で驚嘆すべきものといえる。そして関連史料の博捜、日本各地の他の諸鉱山との比較など、現在でもこれを凌駕するもののない、鉱山史研究の到達点である。しかし一方で、小葉田の場合、視点が鉱山史研究にほぼ限定され、全体として院内銀山に関する諸側面の事実確定に終始し、特に社会構造の全体を見る視点が希薄であるという憾みがある。

これに対して山口の本論文は、「秋田における藩制成立を追究する立場」から書かれたもので、秋田藩成立過程とともに、「鉱山町の住民構成」と「鉱山町における商品流通」の二つの局面から、近世初期における鉱山町成立の諸条件を解明することが主題とされている。[2]

本論文は、コンパクトなモノグラフながら内容は高密度で、驚くほど豊富な論点が内包されている。この密度の高さの所以は、基礎史料である『梅津政景日記』との長年にわたる格闘、また精緻な実証それ自体にある。こうして本論文が多くの論点を孕むにいたったのは、まずもって「梅津政景日記」というテクスト自体の内容の豊かさにもよるのであり、また、これらを論点の豊かな鉱脈と見て、倦まずに「発掘」し続けた山口の研究姿勢によるところが大である。この点は、山口自身「この日記に出会わねば、貧弱な歴史家となっていただろう」[3]、「私の研究内容や方法論も、すべてこの『梅津政景日記』との格闘によってできるのです」[4]などと述懐していることにも顕れている。

以下、I部で精読した本論文について、これが書かれた背景を念頭におきながら、論文が提起したもの、あるいは今学ぶことの意味について考えてみたい。また、本論文が素材とした『梅津政景日記』から読み取れる新たな論点を多少なりと見出し、山口啓二が一貫して実践してきた全体史叙述の方法を学ぶうえでの手がかりを探りたい。

第一節　「近世初期秋田藩における鉱山町——院内銀山を中心に」が提起するもの

一九五九年に発表された本論文は、これとほぼ同時に公表された「秋田藩成立期の藩財政」（I部2章）や、評伝「梅津政景——秋田藩の建設者」（『著作集』②収録）とともに、数多くの論点や方法を提起し、現在にいたるまで近世史研究に大きな影響を与え続けている。それは、都市社会史、所有と身分論、藩制史[5]、役論[6]、評伝の方法論[7]、世界史的把握[8]など、多岐にわたる。ここでは、そのうち、都市社会史研究にとっての意味合いと、小経営生産様式と所有論の先駆的な意義について見ておこう。

1　都市社会史研究の起点

一九五〇年代まで、近世都市をめぐる研究で、三都や城下町、あるいは港町や宿駅、さらには鉱山町など、個別の都市を取り上げ、遺された史料を博捜したうえで、対象の構造を精緻に解明しようと試みる研究はまだほとんど見られていない。戦前以来、その頃までに見られた都市史の研究は、ごく概括的に城下町の性格を論ずる「城下町論」(9)や、あれこれの諸都市を取り上げて大ざっぱにそれぞれの性格を類型的に扱う「封建都市論」(10)が主であり、また、アジア的専制都市論(11)のように、「ヨーロッパ中世のような自由都市を欠く」とする、前近代日本の都市の特質を理論的に見通すもの、などしか見られなかった。

こうしたなかで、一九五〇年代末に書かれた本論文は、秋田県最南端の鉱山町・院内銀山町という個別の都市社会を取り上げ、その実態に迫ろうとした点で、それまでの都市史研究とは一線を画す独創的なものであった。そこで山口は、第一に、限られた日記(「梅津政景日記」)を用いて、そのなかに大量に記録される院内銀山住民の出身地を数量的に分析し、出身地の偏在とそれぞれの職分や階層との相関関係を検討することで、山先・山師を中核とする鉱山町都市社会における住民諸階層の構造的特質に迫ろうとした。そのなかで、山小屋と下町から構成される院内銀山町の重層的な空間構造や、銀山町内部のいくつかの町とその分布に見られる特質を示す。そして住民構成の特徴を、山師・町人層、鉱山専業者、掘子(単純労働力)、近郷からの作間稼ぎの四階層に区分し、それぞれの特徴について検討を加えている。

第二は、秋田藩城下町久保田と同様のにぎわいを見せた院内銀山町における商品流通の分析である。一六一二(慶長一七)年の記事から、町定一件(Ⅱ部一〇六～一一三頁、史料研究ノート1)に関する一連の史料を摘出し、銀山内部における町と、扱われる商品との相互関係や、問屋と小売、店持と振売など、商いをめぐる営業者間の対立や矛盾の特徴を検討する。これらは、近世における売りの諸形態をめぐる重要な問題を提起しており、その後一九九〇年代に展開するところの、振売や問屋と商人、あるいは町人と商人をめぐる流通論、身分論の出発点ともなった(12)。

また、院内銀山が秋田藩における藩や家臣団の年貢米販売にとって重要な市場であると捉え、これを「領内の上方」と位置づけた。この点は、院内銀山に見られる商品流通の特徴を、秋田藩全体、あるいは上方など全国の市場との関係で把握しようとすることを示す。

以上のようなアプローチの特徴を、「都市社会史」としてまとめることができる。こうして切り拓かれた都市社会史は、その後一九七〇年に相次いで公表される松本四郎による幕末・維新期江戸社会の構造的研究[13]にいたるまで、ほとんど見られない。本論文はこうして、まさに都市社会史の起点というべきものであり、その先駆性と意義が改めて注目されるところである。

2 小経営生産様式と所有論

本論文は、『梅津政景日記』との格闘によって史料内在的に論点を抽出することを基本とするが、それらの分析から叙述への飛躍を支える土台に、所有論や身分論を軸とする確乎とした歴史理論があることを随所に垣間見ることができる。その中心にあるのは、小経営生産様式論である。本論文では、鉱・工・商の経営の自立を論ずるが、小経営生産様式などの用語はまだ見られていない。しかしその後の山口自身の説明によると、小経営生産様式とは「小農経営と商工の小経営とが独立自営の、したがって民富形成の主体として、社会の「下から」のブルジョア的進化の担い手として発展」する生産様式であり、本来は資本主義の前提となるものであるが、日本近代においては、寄生地主制を基盤とする近代天皇制と資本主義のいびつな発展の結果、その十分な発展が制約されたものとして捉えられている[14]。

山口のこうした小経営論、小経営生産様式論は、単に近世社会の特質を読み解くための便宜的な方法・道具としての歴史「理論」なのではない。巨大化を遂げた近現代日本の独占資本と、他方、その元で使役される厖大な賃労働者や、多様な小経営者を含む勤労市民から構成される現代社会が、過去からいかなる拘束を受け、また歴史的特質をもつのか、そして現代の労働者や小経営者などの勤労市民が、どのような歴史を歩んできたか、これを近世にまで遡って明らかにしようとする強靱な問題意識がそこには窺える。こうして山口は、近世社会の成立の基盤を農民の小経営、すなわち小農経営にあると捉え、本論文では、こうした小経営を、農民以外の、主として職人(手工業者)や小商人の経営について見出そうとしている。

これらの小経営論の基盤にあるのは、所有論を基礎とする歴史社会の把握である。本論文の「熟練を要する手工業技術」の担い手に関する三一頁註(17)で、職人における「封建社会における手工業技術」の特質を、ツンフト規制下における職人の所有の問題から簡潔に記す。この点は、『資本主義的生産に先行する諸形態』においてマルクスが言及する「用具にたいする所有」、「労働する所有者」としての手工業者=職人に関する考察を踏まえるものとなっている[15]。

他方、職人や近隣農民による作間稼ぎとの対比のなかで、掘子に注目し、これを手伝労働、運輸労働、排水、鞴差《ふいごさし》など、「鉱山において技術・技能を要しない単純労働」の担い手の総称として捉える。そしてその供給源は、兵農分離過程における戦乱や重い課役の下で、農村から浮浪することとなった膨大な日雇層、あるいは人身売買による下人層であると指摘する。また三三〜三四頁註(42)において、掘子供給業者の存在を想定し、さらに三四頁註(44)では、掘子の半奴隷的状態についても注意を喚起している。こうした指摘は、農民における(小)土地所有や職人における用具所有との対比で、これら小経営の基礎となる所有関係から疎外され、自らの単純な労働力能以外に何物ももちえない前近代のプロレタリア的要素に関する考察を導き出して行く[16]。そして後に、高木昭作によって見出されて行く一季居《いっきおり》・武家奉公人の問題[17]や、都市民衆世界における日用(プロレタリア)的要素の吟味[18]へと途を拓くこととなる。そして山口自身は、小経営生産様式論や所有論を基礎とする歴史社会の理解を、その後『鎖国と開国』[19]における全体史叙述のなかで全面的に展開することになる。

また本論文で、鉱山における職人の所有論を基礎に展開したものとして注目すべきは、「技術の社会史」という方法枠組みの提起である。本論文で山口は鉱山技術の問題を取り上げるが、その後、秋田藩領内で進められる耕地開発のインフラ基盤となる水利体系の構築と鉱山技術との関連を取り上げている。山口が検討したのは、二ツ井町(現、秋田県能代市)の岩堰用水の開鑿である[20]。この地域は秋田藩の蔵入地であり、そこの代官をも勤める梅津政景が、耕地の拡大をめざして、一六一七(元和三)年頃から新田開発を実施することになる。これら地帯の新田開発にとって根幹をなす岩堰用水は、長さ一二キロにおよぶものとなるが、藤琴川の取水地点から灌漑域へといたる手前、河岸沿いにある岩山で、二〇〇間にもおよぶ岩盤をくりぬいて通水しなければならなかった。そこで、院内銀山などで錬磨された掘鑿技術、とりわけ疎水坑掘鑿という鉱山技術が、政景によって水利体系の整備に転用されていった点を明らかにする。この岩堰用水は、かくて百姓たちが、段丘上に広大な新田二〇〇〇石分を開発する契機となり、ここは一六三一(寛永八)年に、開発者の政景自身に対し、その旧知行地の替わりの新たな知行地として与えられることになる。このように高度な鉱山技術が、「幕藩制の社会経済的基礎である水田耕作小農経営を展開させる大きい条件となった[21]」点を重視し、技術と社会構造との関わりを見て行く。こうした視点は、技術を軸とする社会史研究、すなわち「技術の社会史」へと途を開き、その後『講座・日本技術の社会史[22]』の企画に結実するにいたる。

第二節　『梅津政景日記』(慶長一七年)を読む

さて、以上を念頭に置きながら、山口が分析の対象としたテクスト『梅津政景日記』を部分的にではあれ取り上げ、本論文が提起する都市社会史という視点に学びながら、新たな論点の発掘を少しだけ試みてみたい。ここでは、山口が本論文で、院内銀山町の都市社会を主導する「山師・町人層」の事例として若干言及する、伏見長崎屋と広島介兵衛に関する一件を取り上げてみる[23]。これらはいずれも、一六一二(慶長一七)年における院内銀山の傾城(遊女)や傾城屋をめぐる一連の記事から見出せるものである。

第１表　伏見長崎屋孫兵衛出店一件のおもな経過（慶長17年）

5月	伏見長崎屋孫兵衛下代茂左衛門，銀山町で死亡（牢死か）。
6月26日	長崎屋茂左衛門傾城十蔵「上方へ行きたい」と侘言。
7月16日	十蔵，こっそり居なくなる。欠落の様子。
	夜，傾城町の者（弥介・七左衛門）が十蔵を連行してくる。政景らの詮議。十蔵が小袖などを山外へ質入れしたことが問題化。
7月17日	質屋八郎兵衛代太郎右衛門を召喚。脇貸し・脇借りの取締りにつき調査。この一件を受けて，脇貸し・脇借りに関する札を院内銀山内に建てる。
8月11日	夜，傾城十蔵，若き者久次と同道し，欠落。
8月12日	逃亡後，傾城長崎・小きん（金）・兵左衛門ｂと家財道具が残される。追捕の開始。
8月15日	追捕の者，院内銀山に戻る。
8月18日	傾城町の者「十蔵の諸道具の番をすること，迷惑」と訴え。
11月13日	長崎屋使兵左衛門ａ，京都所司代・伏見奉行から書状を持参。「長崎屋茂左衛門の下女・諸道具を間違いなく（伏見長崎屋孫兵衛へ）返してほしい」。
11月14日	政景ら，兵左衛門ａを振る舞う。
11月29日	兵左衛門ａ「明日出発します」と暇乞い。京都所司代・伏見町奉行への返書を委ねる。

以下、『梅津政景日記』における記録の月日を〔　〕で表記する。また引用史料は「読み下し文」とし、現代語訳を〈　〉で添えた。

１　伏見長崎屋孫兵衛出店一件

これは、伏見から院内銀山に進出し傾城屋を営む者と、その元で使役された傾城に関する一件であり、記事は一六一二（慶長一七）年四月から一一月末におよぶ（第1表）。

この一件に関する一連の記述から、いくつか注目すべき事実を見出すことができる。

⑴長崎屋孫兵衛下代茂左衛門と傾城屋　まず、長崎屋孫兵衛の傾城屋経営については次のような特徴を有したことが窺える。

①孫兵衛の本拠は伏見にあり、そこから院内銀山に出店している。孫兵衛本人が銀山に出向いているかどうか、第1表の期間には確認できず、また伏見においても傾城屋を営んでいたかも未詳である。

②院内銀山の出店経営は、下代の茂左衛門に委ねられていた。茂左衛門は、慶長一七年四月に「越度」（過失）があったとされ、翌月に死亡しており、あるいは牢死かとも推測される。四月以降、「あとしき十蔵久次諸事仕り候」とある〔八月一二日〕。十蔵は傾城であり、久次は若者である。これを、「跡式については、十蔵と久次が諸事仕る」と読

むと、十蔵は久次と共に茂左衛門の跡式（諸道具と傾城）を管理したと読める。つまりこの読みでは、茂左衛門死後、十蔵は傾城を脱し、これから解放されているかのように見える。一方、「跡式と十蔵を、久次諸事仕り候」と読むと、跡式（諸道具）と傾城十蔵を、久次が管理した、となる。この場合、十蔵以外の傾城はどうなるかが問題である。七月二七日の記事には、「茂左衛門跡一人も散らさざるやう」とあり、ここでいう「跡」＝跡式は、明らかに残された傾城を意味している。いずれにしても、傾城屋の所有物は傾城と諸道具とからなることがわかる。

⑵傾城十蔵　茂左衛門が五月に死亡した後、六月二六日に傾城十蔵は山奉行三人に対し「上方に行きたい」と出願した。これに対して政景ら山奉行は、「長崎屋の若者であった茂左衛門の親類などが十蔵と同行するのであれば許可するが、若い女一人がふらふらと行く先もはっきりしないまま出かけるのは如何なものか。今年はここ銀山に留まり、茂左衛門所縁の者か、長崎屋の使が尋ねて来るのを待て。誰も来なければ、来春にはおまえの判断次第でどこへでも行くがよい」と命じ、十蔵もこれを了解する。おそらくこの後十蔵は、傾城町の長崎屋で久次の下に留まったものと見られる。

ところが七月一六日に、「十蔵がこっそり欠落しようとしているようです」という密告があり、山奉行は傾城町肝煎に状況を報告させている。そこで、「十蔵が自分の着替えをどこかに持参したものか、紛失した様子だ」（「十蔵、着替を何方へ越し候やらん、おとし候と見え候」）との報告を得た政景らは、傾城町肝煎らに十蔵を連行させ、尋問している。以下は、これに対する十蔵の返答である（七月一六日）。

「全く欠落申べき巧み仕らず候、小袖とも、院内まで差し出し候事は、手前罷り成らず候て、すりきり候間、質にも置き、売りも致したくと存じ、越し申し候、然れども、質にも取り手、買い手もこれなく候間、そのまま差置き、横堀にて、京の又兵衛銀百八十目借り候」

〈欠落しようという企みは全くありません。小袖などを院内まで持ち出した理由は、自分のくらしが成り立たず、無一文となったので、小袖を質に入れるか、売るかしたいと思い、出かけましたが、質を取ってくれる者も、買い手も

おらず、院内はそのままとして、横堀で京の又兵衛に質入れし銀一八〇匁を借用できました。〉

この時は、こうした行為が不審と見られ、十蔵は傾城町に預けられている。

翌七月一七日の詮議で、右の質入れの件は、銀山における質入れ規制の法的な不備（後述）を理由に許されているが、次の点が問題とされている（七月一七日）。

「また小袖ども、院内へ差越し候事、早々爰元《ここもと》へ呼び候えと申し付け候儀は、その身すりきり、手前迷惑候まま、衣類売り候と申し候えども、加兵衛・我等申し分は、右十蔵申し口相違なり、茂左衛門女房分に罷りなり候とは、唯今申し候えども、茂左衛門生き候内、死に候までは傾城をいたし通し候、唯今傾城を引き籠もる事は、手前叶い候故かと覚え候、と申し候へば、詰まり候」

〈また（十蔵が）小袖を院内へ持って行ったことについて、（昨日）すぐにおまえをここに呼べと（傾城町肝煎に）命じた。その時、（十蔵は）「無一文となり自分の生活が成り立たないため、衣類を売った」と言ったが、これについて（川井）加兵衛（院内銀山山奉行の一人）と政景は（本日）次のように十蔵に述べた。『十蔵の右のような弁明は間違いである。いま（十蔵は）自分が茂左衛門の女房分になっていた、といったが、茂左衛門が生きている内から亡くなるまでおまえは傾城を勤め続けていた。今になって、すでに傾城から抜けていたというのは、（茂左衛門女房という身分であれば）小袖などを自分のものとして自由に質入れ・売却できるといいたいためであろう』というと、十蔵は答えに窮した。〉

右の記事は難解で、現代語訳はかなりの意訳を含む。右では、質入れを行った十蔵の身分・地位が問題とされている。この日の詮議で十蔵は、抱え主の茂左衛門の妻となっており、すでに傾城の身分から抜けていた、と主張した。これに対して政景らは、十蔵が茂左衛門の生存中から死亡したときまでずっと傾城のままである、としている。ここでは、傾城を抜け、茂左衛門女房となっていたのであれば、自身の小袖などを質入れ・売却することは問題とならないが、傾城のままであったとすれば、主人が亡くなったからといって着替えの小袖を自分の物として質入れ・売買はできない、ということであろう。

こうした経緯を経て十蔵は、八月一一日に久次とともに院内銀山を欠落し、追捕の手をかいくぐって行方をくらます。後に残されたのは、長崎屋の「諸道具」と、長崎・小金・兵左衛門b(孫兵衛使兵右衛門aと区別してbを付す)ら三名の傾城であった〔以上、八月一二日〕。そして一一月一三日にいたり、伏見から長崎屋孫兵衛の使として兵左衛門aが院内銀山に来て、一一月末まで長崎屋跡式の事後処理にあたった。そして、兵左衛門b(五八〇匁)、小金(五八〇匁)、長崎(七〇〇匁)をそれぞれ「身請」させた。これによって傾城たちは孫兵衛との契約を解消し、他の傾城屋へと売却されたと見られる。またその他の諸道具は伏見へ持ち帰られている。

(3)傾城町　傾城屋長崎屋や傾城十蔵との関わりで、度々記事に記される傾城町について見ておきたい。まず、今回の一件詮議の過程で、傾城町の町中は、肝煎弥介を中心に山奉行の指示のもと十蔵本人を監視し、詮議の折に役所へ連行し、また身柄を預かっている〔七月一六日〕。次に、久次・十蔵が欠落した後、残された長崎屋の諸道具や傾城らを管理し、伏見からの使い兵左衛門aにこれらを引き渡す役割を負っている〔八月一八日・一一月一三日〕。これらのなかで、傾城町の者らは、十蔵らの欠落後、諸道具の番を強いられたことを迷惑として侘言《わびごと》を行っている記事も見られる〔八月一八日〕。

また詮議の途中、久次は次のように申し立てている〔七月二七日〕。「(主人である)長崎屋茂左衛門が長崎という傾城を掛け金で買いました。その支払い期限となり、支払いを強く求められた時に、傾城町の又十郎が銀を立て替えてくれました。この間、又十郎は上方に行くというので、茂左衛門に返金するよういろいろ催促してきます。そこで、長崎を売って、借金を清算させて下さい。」

これに対して山奉行が応答する前に久次・十蔵は欠落してしまうが、その後、長崎屋の跡式処理の中で、又兵衛が政景らに呼ばれているので〔一一月一三日〕、傾城長崎はあるいは又兵衛のものとされたのかもしれない。おそらく又兵衛も、上方出身の傾城屋かその下代と推測できよう。

この一件で注目されるのが、十蔵による小袖などの質入れ一件の詮議によって明らかとなった、院内銀山における質入れ・売買の法の不備についてである。十蔵が院内銀山を出て、山外の院内などへ出向き、横堀で京の又兵衛という者に質入れすることができたという件につき、政景は、「自分が以前、慶長一四年に院内銀山山奉行であった時、『脇借し・脇借り、質屋之外は堅く法度に申し付け、町中に触れ、札を立て申し付け』たはずだが、慶長一五～一六年については相役の川井加兵衛ともども銀山には不在で様子がわからず、この間に規制内容がかわったのであろうか」と「日記」に記している〔七月一六日〕。

翌七月一七日の詮議で、御質屋中山八郎右衛門の代理人太郎右衛門が召喚され、「様子はよくわかりませんが、去年の火事で札は焼失し、その後立っていません」と述べている。政景の記憶では、この札には「山中において、質屋の外、脇貸し・脇借り法度」と記されていた。これに準ずれば、十蔵の行為は、山の外で質入れしたもので、右の札での規制がおよばないことになる。以上を踏まえて、政景はこの点での十蔵の質入れ行為については処罰の対象としないこととしている。

政景らは、「山中において、質屋の外、脇貸し・脇借り法度」とあったかつての札では、脇貸し・脇借りの禁止が院内銀山内のみに適用されるものと理解されるとし、これを法の不備と見ている。そして、「山中において」という限定を削除し、新たに「質屋外、脇貸し・脇借り、当山の者ども、致すべからざる」と記した札を即刻建てている。こうして「院内・小野・横堀の外は、抑えにもなるであろう」としている〔以上、七月一七日〕。この点は難解であるが、「院内・小野・横堀など、山の外における脇貸し・脇借りの抑制となる」という意味に解釈しておきたい。[25]

以上、この一件からはずれるが、院内銀山における傾城屋と傾城、あるいはこれらを包摂する傾城町の一面が見え隠れするのである。また、一件の趣旨からはずれるが、銀山内外にわたる質や金融の様相も併せて垣間見ることができるのである。

第2表　広島介兵衛跡式一件のおもな経過

慶長14	8月1日～	七左衛門・九郎兵衛，介兵衛留守中の手代を勤める。～慶長15年6月晦日。
慶長16		介兵衛，本山平間歩を600匁で請け負う。
	秋	介兵衛・塩屋，入役を請け負う。36貫100匁。
	秋	介兵衛，研役を請け負う。1貫200匁？
慶長17	3月	介兵衛，間歩横番を仁右衛門に切り取りさせる。
	～4月	傾城町の介兵衛屋敷，闕所。
	4月16日頃	介兵衛屋敷，火事で焼失。
	4月後半？	介兵衛，闇討ちで殺害される。
	4月29日	佐渡奉行目代宗岡佐渡の書状(介兵衛跡式の件)届く。政景，内記に書状で事情を糺す。
	6月10日	羽石内記，介兵衛跡式処理の不手際で譴責処分される。
	6月23日	山奉行介川左門役所で，介兵衛跡式につき，塩屋に申し渡し。入役未進分9300匁，免除される。介兵衛代七左衛門・九郎兵衛に申し渡し。売却された傾城4人，山奉行により買い戻され，傾城町に預けられる(～7月28日)。
	7月24日	介兵衛子介市，佐渡から院内銀山に到着。
	7月28日	介兵衛の跡式(諸道具・下女)を介市に渡す。小判は売られる。
	8月9日	介市と七左衛門出入り。
	8月17日	介兵衛の研役未進分400匁，免除される。
	8月18日	介市と七左衛門との出入り一件の裁許。
	8月21日	介市，佐渡に帰る。七左衛門・茂右衛門同道し，越後経由で大坂「藤八かか」の所に向かう。

2　広島介兵衛跡式一件

次に、一六一二(慶長一七)年四月から八月におよぶ、広島介兵衛の跡式をめぐる一連の記事から、山師であり役請負人、さらには傾城屋にも関わる存在について見ておこう。この一件は、役の未進や介兵衛の殺害事件(闇討ち)、その後の跡式継承問題をめぐるもので、記事も相当量におよび、その内容は多岐にわたる。一件から波及する問題、関わる人びとも多様で、その全体を把握することは容易でない。その詳細については別の機会に取り上げるとして、ここではその要点のみ扱うことにしたい。

(1)一件の経過　まず日記の記事から、この一件の経緯について概要をみておこう(第2表)。広島介兵衛は佐渡金山から院内銀山に進出しており、手代(子方)の(大坂)七左衛門・九郎兵衛(九右衛門とも)とともに多様な営業に従事していた。その経営は、第一に、間歩の請負、すなわち山師が主軸であったと推定される。介兵衛は、「本山平」にある間分を銀六〇〇匁で請け負い(三月一四日、八月七日)、備前仁(弐)右衛門という者に、間歩横番《まぶよこばん》(坑道から分岐する枝坑)を採掘させている(三月二日、三月八日、三月一四日）。仁右衛門は金名子《かなこ》とみられ、「切羽を稼場所として請負う小親方[26]」であった。こうして介兵衛は、間歩を請負い、横番での採鉱を金名子に下請負させ、また間歩普請道具（槌・鏨《たがね》・鋏など）を所有する（八月九日）という有力な山師の一人であった。

　第二に、介兵衛は少なくとも二つの役の徴税請負人であった。一つは、入役である。これは院内銀山に入る商人などから、銀山入口にある十分一役所で役銀を徴収する、徴税請負の業務である。これは、外の役とともに春秋の二期に分け、山奉行所での入札で、請負人と請負額が決められる。一六一一（慶長一六）年秋の入役は、介兵衛と山師でもある「京の塩屋」の二名が共同で銀三六貫一〇〇匁もの高額で落札したが、請負銀の上納期限となっても、九貫三〇〇匁が未進のままとなっている（六月二三日など）。二つめは、研《ずり》役である。これは「落ちこぼれた鉱石を拾得する業者[27]」からの徴税請負であり、介兵衛は慶長一六年秋の研役を銀一貫二〇〇匁で請負い、この内四〇〇匁が未進となった（八月一〇日）。

　第三は、傾城屋である。介兵衛は傾城町に屋敷をもっており、これが火事で焼失し明屋敷となっている（四月一六日）。また、運上未進に伴い、財産が闕所処分とされた時、四名の下女（傾城）を所有していたことがわかる。またこれ以前の慶長一六年に、介兵衛は間分を請負った時に山奉行へ質物として傾城八屋を差し出していることが確認できる（八月七日）。後で見るように、介兵衛没後の跡式処理の過程から、この傾城屋の経営は、子方（七左衛門・九郎兵衛）が介兵衛の手代として代行したものと推定できる。ここで問題なのは、介兵衛は家持だったのか、地借あるいは店借であったかである。この点は後考に俟ちたいが、とりあえず以下では、地借すなわち借地人であり、上家＝屋敷・見世の所有者だったと推定しておきたい。

　さて、介兵衛は少なくとも上記三つの経営局面をもつことが明らかであるが、この内、一六一一（慶長一六）年秋季における役の徴税請負で運上未進状態に陥り、政景の前任である山奉行羽石内記によって、所有する傾城町の屋敷が闕所とされるなど、厳しい処分を受けている（六月二三日）。政景が院内銀山に着任するのは、「日記」冒頭にあるように一六一二

（慶長一七）年二月二八日であり、三月一日に羽石から小屋と帳簿類を継承している。羽石はその後、三月一三日に銀山から離任しており、こうした羽石による処分は、一六一二年二月末までに実施されたことが窺える。

また月日は未詳であるが、運上未進が問題化するなかで、介兵衛は何者かに闇討ちで殺害されている（五月六日、六月二三日）。この殺害事件は、羽石の任期からみてこの年の一〜二月の間に起こったものと推定できる。後述のように、羽石は、この一件で、介兵衛殺害事件をきちんと捜査しなかったこと、介兵衛跡式を強引に「売り捨て」処分としたこと、介兵衛内の者が運上を弁済すると出願していることを無視したこと、佐渡に介兵衛の子がいるのに連絡せず勝手に跡式を処分したことなどを理由に、六月一〇日、城下の久保田で藩主から譴責処分（「御勘当」）をうけている（六月一〇日）。

この後、一件は、一つは入役の請負を共同で担ってきた京の塩屋に対する処分と、さらには、佐渡からやってきた介兵衛の子・介市へ、介兵衛の跡式を引き渡すに際しての山奉行側の対応が、当事者間の相剋をも伴って展開してゆく。京の塩屋については、介兵衛とともに担うべき入役運上の未進分を返済すべく求められ、羽石によって籠舎とされていたようである。ところが、羽石の不手際による譴責処分と、山師などとしての長期にわたる「御奉公」、さらには江戸の島田清左衛門[28]による「御塩味」要請などを踏まえ、後任の山奉行政景と介川左門により、未進分は免除されることが申し渡されている（六月二三日）。

介兵衛子の介市は、七月二四日に院内銀山にやって来た。介市は佐渡奉行大久保長安の目代《もくだい》である宗岡佐渡の書状を持参し、八月二一日に佐渡へと帰るまで、介兵衛跡式の処理にあたった。その中で、介兵衛跡式である諸道具と下女（傾城）が介市に渡されるが、その過程で、介兵衛手代であった大坂七左衛門との間で争論が起こる。これは、七左衛門が介兵衛の生存中に立て替えたとする道具代（槌・鑿・鋏など）や、一六〇九（慶長一四）年八月から一五年六月まで介兵衛不在の間手代として立て替えた造作代・傾城役銀などの返済を求め、七左衛門が出訴したことによるものであった。これについては、逆に七左衛門が介兵衛に負っていたいくつかの債務と差引きすることで内済とされた（八月九日、八月一八日）。

以上、これら広島介兵衛一件の経緯からも多くの論点を見出す事が可能であるが、ここでは紙幅の関係で、おもに前項とも関わる点を中心に、傾城と傾城町について若干言及するに留めたい。

⑵ **傾城**　介兵衛跡式の主要な内容には、前述のように四人の傾城が含まれていた。「右兵衛・間右衛門・ちく一にん・こぶんこ（小判ヵ）」の四名である（六月二三日）。またこれ以外にも、山奉行への担保として質入れされた八屋（八月七日）や、それとは別に理生（八月一八日）という傾城の名も確認できる。

小判ら四人は、介兵衛の運上未進を補うためとして、前任の山奉行・羽石内記によって一度は売却処分されるが、その処理を不当とした後任の政景らによって買い戻され、六月二三日から一旦傾城町に預けられている。そして七月二八日に、佐渡から来た介市に引き渡される。この時、小判と理生の件が問題となったようである。その詳細は未詳であるが、この二人の傾城は、介市の「継母」であった大坂の「藤八かか」が七左衛門に預けたものとされ、両名の売却代金（身代銀）を七左衛門らが大坂まで届けることとなった。これから「藤八かか」は、大坂で傾城屋を営み、小判と理生を院内銀山まで送り出したことが想定されることになろう。こうして、院内銀山の傾城屋と傾城は、第二節1項で見た長崎屋と同様に、遠く上方における傾城屋の世界との深い関係をもちながら存立していたことが明らかとなる。

⑶ **傾城町**　四月一六日の記事によると、傾城町の広島介兵衛屋敷は、羽石内記が運上未進分として没収し、これを貸家として置いてきたとある。ところが火事で明屋敷となり、これを見て、湯屋の六右衛門という者が「この明屋敷を申し受けたい」と願出ている。これに対し政景は、六右衛門に「この明屋敷は傾城屋であった介兵衛の運上未進を回収するため、見世が没収された跡だ」と説明したところ、六右衛門は「介兵衛の未進分については、私から内記へ支払います」と述べる。これを受けて政景は、明屋敷を六右衛門に渡そうとするが、そこで傾城屋の者たちが「この町（傾城町）に余人（傾城屋以外の者＝六右衛門）が住んでは迷惑です」と言って、これに異議を唱えた。政景はこれに対して「それでは、明屋敷のままとしてはどうか」（「あけ候てはいかが」）と傾城町の者たちに述べている。こうしたやりとりを見て、介兵衛子

方の九郎左衛門（以下九郎兵衛とも）が「居申度」（以前のようにここで傾城屋を継続したい）と願い出て、これが許され、介兵衛の明屋敷は九郎左衛門へ渡されている。

ところが、傾城町にはその他にも明屋敷がまだあり、これについて、傾城屋たちは次のように出願している。

「傾城を持ち候者共、余の町に居候て、みせを借り、傾城ばかり出し候間、その者共に作り候て、傾城を差し置き候へと申したき由、申し候」

右では、「傾城を持ち候者共」すなわち傾城屋が、傾城町以外の町に住み、そこで見世を借りて傾城屋を営業していることを問題視しているのか、あるいは、傾城町で営業する傾城屋が、当人は他町（余の町）に居住し、傾城町で見世を借りて営業している点を問題としているのか、判然としない。とりあえずここでは後者の意味に捉え、下記のように現代語訳しておきたい(29)。

〈傾城をもつ者が、（自分自身は）余の町（傾城町以外の町）に住み、傾城町では屋敷をもたず見世を借り、傾城屋を営んでいる。こうした者たちに、傾城町内の明屋敷を所持させ、そこに見世をつくらせ、傾城を差し置いて傾城屋の営業するようにさせたい。〉

以上から、傾城町は傾城屋らが集住し、傾城屋の共同組織が町と重複する性格を有したことが窺える。そして、他町での傾城屋営業を排除し、また傾城屋は町内に居住することを原則としたと推定できよう。

3 小括

以上、慶長一七年の『梅津政景日記』によって、院内銀山における傾城（遊女）や傾城屋をめぐる様相を垣間見た。第二節1項で見た伏見の長崎屋孫兵衛が営む傾城屋は専業である可能性が高いが、2項でふれた広島介兵衛の場合、佐渡に本拠をもつ山師、あるいは役請負人でもあり、傾城屋を併せ三位一体的な多様性をもつ経営体であることが重要である。そしてこの事例において、役請負時の担保質入れ物件として傾城が用いられたことは、こうした三位一体的経営のなかで、傾城屋経営がその不可分の一部として位置付いていたことを示す。このことは、近世初期院内銀山町における傾城屋や傾城について見て行く場合、これらに関係する記事の断片をただ集めて拾い読みするだけでは、その社会的実態や特質に迫り得ないことを強く示唆する。

この点を念頭において、傾城屋の特徴を見ると、経営は傾城町で行われ、傾城屋の町中＝傾城屋仲間の一員として存在したことが明らかであろう。またここで見た二つの事例では、何れも上方を本拠とする傾城屋が、院内銀山の出店をそれぞれ子方＝手代に委ねている点も特徴的である。大坂や伏見の傾城屋が、院内銀山を含めて全国でどのような活動を繰り広げたのかが注目されるところである。

またここで取り上げた事例で気になるのが、遠隔地の公権力が院内銀山に出店をもつ上方出身の傾城屋の経営や跡式を保護するようすが見られる点である。(1)の事例では、一一月段階に長崎屋孫兵衛の使・兵左衛門aによる事後処理が行われたが、この時に、京都所司代と伏見奉行二名が秋田藩へ書状を送り、傾城や諸道具を長崎屋孫兵衛に滞りなく返却するよう求めている〔一一月一三日〕。そして政景ら山奉行はこの使を振舞うなど手厚くもてなし〔一一月一四日〕、伏見に戻る兵右衛門aに返答の書状を委ねている〔一一月一九日〕。そして(2)でも、佐渡奉行大久保長安の目代・宗岡佐渡が藩庁宛て書状を送付し、介兵衛の跡式が、子介市に恙なく継承されるよう要請している〔七月一四日〕。こうした公権力の動きをどう考えるか、今後の課題としておきたい。

おわりに

山口の本論文には、第一節で触れた点や、第二節で若干検討した点の外にも、まだ発掘されるべき多くの課題や論点が伏在している。まとめにかえて、山口が素材としたテクスト『梅津政景日記』から、筆者が当面の課題として考える点を二つだけ記しておきたい。

第一は、院内銀山町の社会＝空間構造[30]の問題である。近年の都市史研究の進展から見るとき、院内銀山の社会構造がどのような歴史空間において現出していたかが重要な検討課題として自覚される。社会＝空間構造の把握とは、社会構造が存立した基盤としての空間の分析を同時に重視することを意味する。山口論文では、山内、すなわち院内銀山の内部を、「院内銀山記」の記述に依拠して、「山小屋と下町」の二重構造として捉えている。山小屋は採鉱業者の居住域、また下町は商工業区域で、両者は本来空間的に区分されたが、採鉱場所の移動に伴い、山小屋にも町家が建てられるなど、入り組んだかたちとなったと推定する。そして下町では城下町の町方のように、同業者ごとの町が形成されたと見ている。『梅津政景日記』慶長一七年一〇月二三日の記述では、「只今の様子は、町と山小屋、見分けられざる体に候」〈現在の状態では、町と山小屋の区別がつかない〉としている。こうした「山小屋」という空間呼称は頻出するが、一方で「下町」は川原町の「下町三町」などと、川原町の部分呼称以外にほとんど見られない。また間歩、すなわち坑道とその周辺や山小屋とがどのような位置関係にあるのかも不詳である。町定一件は、こうして山小屋と町域とを区分しようとする一つの契機となった可能性もある。これらの点を、近世中後期の絵図史料をも参照しながら、院内銀山町の空間構造を明らかにしようと試みる作業は未着手な状態にあるといえよう。

第二は、院内銀山と周辺域の地帯構造[31]である。長崎屋孫兵衛の一件を検討するなかで「脇貸し・脇借り統制と札」の項で見たように、院内銀山の存立基盤を考えるうえで、隣接する支城駐屯地である院内や近隣の横堀・小野・長倉など、院内銀山の周辺がどのような社会であり、また支城院内の所預り箭田野義正《やだのよしまさ》による支配の内容がいかなるものであったか、等をあわせて把握することが極めて重要である。山口が明らかにするように、院内銀山においては米と鉛の藩専売制度が、藩にとって鉱山町からの運上・諸役と並ぶ主要な収入源であった。この内、米について見ると、御蔵衆の管轄下で藩直轄

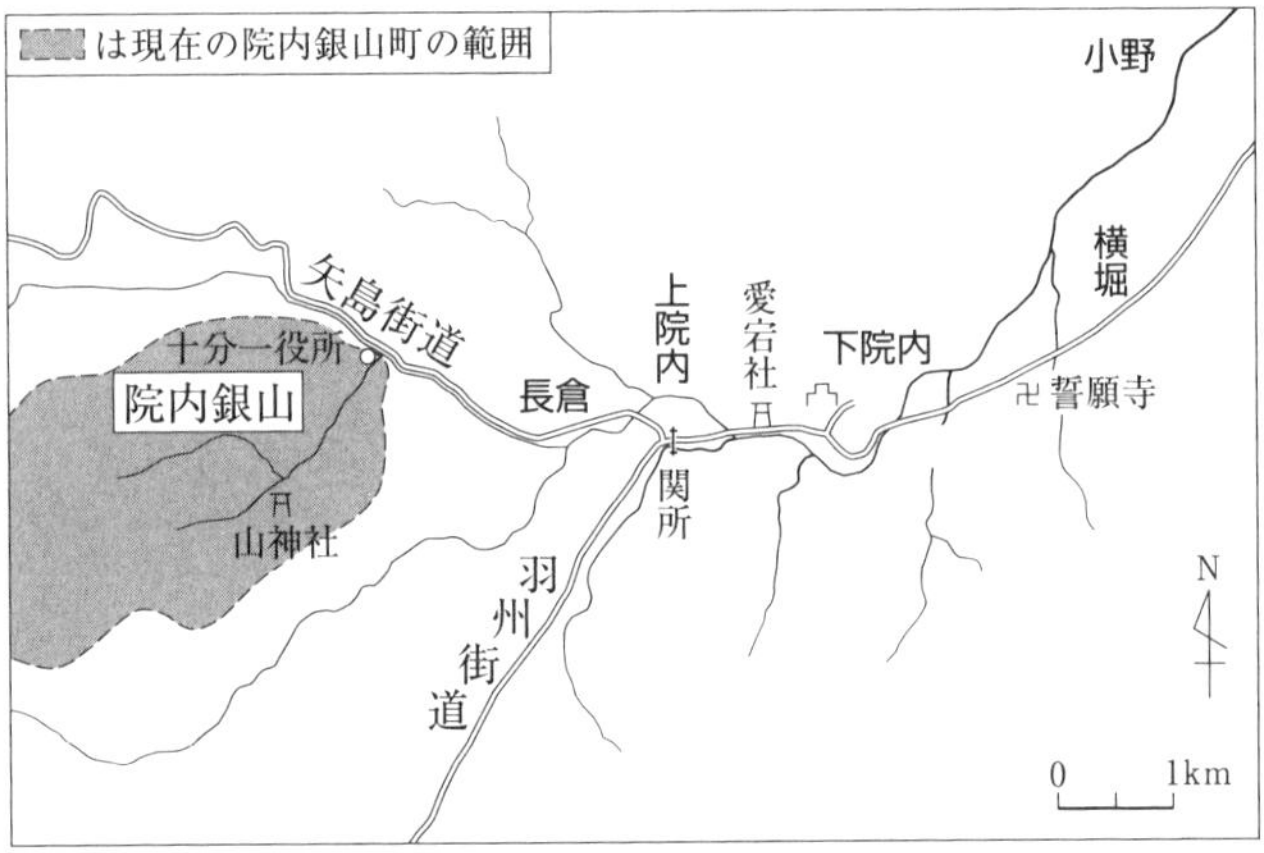

院内銀山とその周辺

領から送出される藩米は、院内銀山の米蔵に運ばれ、院内銀山の役人らへの扶持米に、また大半は山内の米屋への払米とされた。藩米は院内の米蔵にも収められ（院内米）、銀山への米供給を補佐するとともに、一部は院内やその周辺部の米屋へ売却された。また、銀山の役請負システムは、山内だけでなく、一六一三（慶長一八）年春の場合、院内見世役、院内傾城役、院内酒役、小野・横堀見世役、小野・横堀造酒役、院内・小野・横堀灰吹役、長倉より院内まで川研役なども含まれ、山外のこれら地帯にも部分的におよんでいる[32]。こうして院内は、院内銀山町における払米制度や役請負システムにとって重要な位置に置かれたことが窺えるのである。つまり院内を初めとする近隣地帯は、院内銀山と構造的に一体化した側面を色濃くもつのではないか[33]。

「梅津政景日記」は極めて難解なテクストではあるが、近世初頭の記録として多様な論点を孕む希有な史料であり、恰も院内銀山の鉱脈と同様、掘れども尽きぬ「歴史資源」の鉱脈といえる。そしてそこには、四〇〇年余り以前の、社会を統合・支配した政景ら為政者たちばかりでなく、何よりも鉱山町の都市社会に生きた多様な身分や階層の人びとの「肉声」が豊かに記録されているのである。しかし小葉田や山口以降、これを素材とする研究としては、部分的に触れたものに〔塚田 一九九四〕・〔吉田 一九九〇〕などがあるが、「梅津政景日記」の全体と本格的に格闘した研究は現れていない。

このテクストは、山口自身の手によって、東京大学史料編纂所から全文が翻刻され（『大日本古記録　梅津政景日記』一～九巻、一九五三～六六年）、秋田県公文書館で原本や写真版にも容易に接することができる。また、山口による史料解題や梅津政景の評伝（いずれも『著作集』②に収録）、『梅津政景日記』九巻に収録された計二二四頁にもおよぶ膨大な索引――それ自体が重厚な基礎研究の成果というべき――が、解読・分析にとって不可欠な、かけがえのないツールとして提供されている。本書も一つの契機となって、「梅津政景日記」が山口の遺した業績とともに蘇り、再び脚光を浴びることを期待したい。

（1）［小葉田 一九五一・一九五三・一九五四・一九五五］（以上、［同 一九六八］に収録）。
（2）『著作集』②二三三頁。
（3）『著作集』②解説（吉田執筆）。
（4）「聞き書き――山口啓二の人と学問」『著作集』⑤二三三頁。
（5）Ⅲ部2章森下論文を参照。
（6）［塚田 一九九四］（［同 一九九七］に収録）における「役―札体制」に関する考察を参照。
（7）『著作集』②解説での吉田の指摘を参照。そこで、評伝「梅津政景――秋田藩の建設者」は、『梅津政景日記』九巻の解題とともに、『梅津政景日記』の長年におよぶ格闘と精緻な研究によって生み出された優れた評伝であり、同時に、政景の評伝を借りた一箇の全体史叙述である、と指摘した。なお［小野 二〇〇八］を参照。
（8）山口の歴史研究に見られる世界史的視座は、序章でもふれた卒業論文「松平定信と海防」以来のものであり、院内銀山研究を基礎とし、鉱山技術や銀の生産・流通に注目しながら、一六～一七世紀の世界史と連動するかたちで展開し、『鎖国と開国』の全体史叙述へと結実してゆく。
（9）［小野 一九二八］
（10）［豊田 一九五二］、［原田 一九五七］など。

(11)［羽仁 一九五六］
(12)［吉田 一九九〇］(［同 二〇〇〇］に収録)、［塚田 一九九四］(［同 一九九七］に収録)。
(13)［松本 一九七〇a・b、一九八三］
(14)山口「幕藩体制社会とはどういう社会か」『現代歴史学の課題』上、青木書店、一九七一年。『著作集』②に収録。
(15)国民文庫版、一九六三、四七～五二頁。
(16)こうした所有論については［吉田 二〇〇〇］(［同 二〇〇三］に収録)を参照。
(17)［高木 一九八四a］(［同 一九九〇］に収録)。
(18)［吉田 一九八四］(［同 一九九八］に収録)。
(19)『鎖国と開国』岩波書店、一九九三年(二〇〇六年、岩波現代文庫に収録)。
(20)「日本近世における用水開鑿と鉱山技術――秋田県二ツ井町岩堰用水の場合」『水利科学』四巻二号、一九六〇年。『著作集』②補論二に収録。
(21)同前『著作集』②三三六頁。
(22)［永原・山口 一九八三～八六］
(23)I部1章二三頁。
(24)御質屋については、本書I部1章二三頁を参照。
(25)院内・小野・横堀を山内＝院内銀山に準ずる区域とし、それ以外での脇貸し・脇借り行為を禁ずる、とも読めるが、この場合、院内などがなぜ山内に準じて扱われるかが未詳となる。
(26)I部1章二七頁。
(27)［小葉田 一九六八］五五〇頁。
(28)『寛政重修諸家譜』によると、島田清左衛門直時(越前守)は一六〇二(慶長七)年に御鉄炮足軽三〇人を預けられ、一六一三(慶長一八)年「甲斐国中のことを沙汰」、また一六一九(元和五)年からは大坂町奉行(『柳営補任』によると初代)を勤め、一六二八(寛永五)年に没している。京の塩屋との関係については未詳である。

(29) この史料解釈については、啓静文庫研究会ワークショップ「『梅津政景日記』の世界――山口啓二と戦後歴史学」(二〇一九年一二月一六日、於立教大学)における塚田孝氏の指摘を参照した。
(30) 社会=空間構造論については[吉田 二〇〇一]を参照。
(31) 地帯構造論については[吉田 二〇一三]を参照。
(32) 「慶長一八年春諸役御運上銀請取覚帳」『梅津政景日記』一巻所収。
(33) この点については、吉田「慶長一七年、院内銀山と周辺地帯の関係構造」高澤紀恵、ギヨーム・カレ編『近世の身分とは何か――日仏の対話から』(仮、東京大学出版会、二〇二一年刊行予定)で若干論じた。

2章　藩政史研究の原点

森　下　　徹

はじめに

「秋田藩成立史の藩財政」は、のちに自身で「私が秋田藩の財政について研究を発表したときには、領主財政の研究をする人はまだほとんどいませんでした」と述べるように[1]、藩財政史についての先駆的な研究として広く知られている。それが可能だったのも、当時編纂に携わっていた『大日本古記録　梅津政景日記』一～九巻（岩波書店、一九五三～六六年）に財政関係の記事が豊富に収載されていたことがあった。それまで山奉行を勤めていた政景が藩政の枢機に参加し、勘定奉行を担うようになるのは大坂の陣後のことであり、やがて家老の職に就き一六三三（寛永一〇）年に没するまで――初代藩主佐竹義宣のもとで、秋田藩政の基礎がつくられていった時期を直接の対象としたものである。山口が同日記を駆使して発表した最初の研究であり、藩の収支構造の全体像を明らかにしつつ、幕藩制下での藩の確立過程を考察している。今日、藩政史研究、ひいては近世史研究に向き合ううえで、本論文から何を学ぶことができるのか、限られた視角からのものにならざるをえないが、考えてみることにしよう。

以下、『梅津政景日記』からの引用は読み下し文に直して、〔年月日〕と注記する。またI部2章「秋田藩成立期の藩財政」からの引用箇所は頁数を（　）で記す。

第一節　個別藩研究の意味

もともとこの論文は、一九五七年六月に開催された社会経済史学会大会での共通論題「藩政確立期の諸問題」のうちの一報告だった。そのとき金井圓によってなされた問題提起を見ると、「藩すなわち大名領における幕藩体制の成立とは何であるか」ということを、「いわば知行制の問題にしぼってみる」との課題が示されている。(2) 実際、つづく報告は、秋田藩(鎌田永吉)、加賀藩(佐々木潤之介)、岡山藩(谷口澄夫)・西北九州諸藩(藤野保)など、評価の仕方にはそれぞれに違いがあるが、いずれも地方知行制の変質過程をとおして小農経営を基盤にした藩政の確立過程を見ようとしている。そこからすると、秋田藩初期の財政を取り上げ、その全体像の再現をはかった本論文は明らかに異質である。

ちなみに翌々年、佐々木潤之介は、「ともかく、はっきりしていることは、藩制史を幕藩体制との全体的な関連で見直す必要があるということである。それには、より鋭い問題意識・分析視角から、個別藩制史の内に投影されている幕藩体制の本質を、えぐり出すことが必要だろう。だから、三百諸侯に無限に近づく程多数の個別藩政史の研究を行うことは当面必要ではないのであって、むしろ、そのいくつかの個別的な研究の十分な堀下げこそが現在必要なのである」と、「藩制成立史研究の課題」を述べている。(3) 個別藩政史の研究は、「幕藩体制の本質」を読み取り抽出するための、あくまでサンプルとして意味をもつのだという。改めてこれと対比すれば、本論文がめざすのが、個別事例の解明そのものを重視する姿勢であることがはっきりする。

ただしそうして個別藩に徹しながらも、あわせて第一節で「成立期の藩財政を規定した諸条件」を確認することで、類型化をとおした他地域との比較・位置づけを可能にもしている。なお、のちの論考では、種々の地理的・社会的条件があるなかで、「封建的小農形成の特質に規定された兵農分離の展開のしかたこそ地域性の中心的要因であり、藩の体質をきめる条件である」(4) と述べて、「兵農分離の展開のしかた」、生産力発展の度合いに基づく発展類型論をより明示的に提唱している。もちろんそうした類型が基軸になりつつも、同じ「地域性」のなかでも、さらに主体的・客観的条件の違いがあり、その組み合わせで藩政成立のあり方も定まってくるし、他藩との比較も可能になるということであろう。

第二節　軍役と藩体制の確立

1　軍役負担の実際

以上を確認したうえで、財政の支出面・収入面に分けて検討が進められる。まず第二節「藩財政の支出面」で最初にあげられるのが軍役負担である。それには、大坂の陣をはじめとする戦時動員ばかりでなく、平時の軍役としての上洛・参勤交代や幕府普請役があるとされる。

なお一六二〇（元和六）年の江戸城二ノ丸普請に関わる記事のなかで、「江戸御軍役十二ヶ月致し罷り帰り候衆、半役にと仰せ遣わされ」との文言が見えるように（元和六年一月一五日）、参勤交代のことは「江戸御軍役」と呼ばれているし、一六三〇（寛永七）年に小田原城「御普請」の対応を検討したなかで、「土普請にても、其の道具・御軍役の積り致し、申し付けべき由」とも記されるように（寛永元年七月二五日）、普請役も参勤交代も、対応することはすなわち軍役だとみなされていた。事実、これらは当時においても軍役そのものだった。さらに軍役板の調進も加わったから、幕府から課される軍役は過大なものとなった。

それらがいかに過重だったか、動員した人数や、かかった経費を『日記』のなかから抽出し具体的に紹介している。いま示された事例に即して若干の試算をしてみると、まずこのころの藩の収入は、蔵入地からの年貢米が一六〇八（慶長一三）年からの七年間では年平均三万五八〇〇石余（八五頁）、同程度の銀収入が別にあった（八九頁）。それに対して一六二一（元和七）年の参勤経費は小判八七三〇両余（六八頁）、一両二石とすれば一万七四六一石であり、年貢米収入のほぼ半分、銀収入も含めた全体の約四分の一となる。あるいは大坂冬の陣に際しての御用金支払い総額は七〇〇〇両を越し、米にして一万四〇〇〇石余というから(七七頁註(10))、やはり同程度である。普請役については経費の全体がわかる史料がないというが、いずれにせよこれらが合わさると、成立期の藩財政にとって大変な出費だったことがわかる。

2　軍役の担い手

問題は、こうした重い軍役が、減転封され新たな領地に藩体制を打ち立てようとしていた秋田藩にとってもった意味である。

ここでは手伝い普請に即して見てみることにしよう。これについては「断片的な史料しかないので、動員状況も財政状況もあきらかにしえない」としながら、一六二〇年の江戸城二ノ丸普請の例を紹介し、蔵入地・給地を問わず一五〇石に一人で割り当てた人足一二六五人と足軽三〇〇人とで対応していたとする(六八頁)。一部は足軽という藩の奉公人に担当させたわけである。(5)

では残る人足の割り当てを受けた蔵入地・知行地では、いかにして差し出したのか。当然想定されるのは百姓夫役であろう。そもそも軍役を百姓夫役が担っていたことは、幕府・諸藩の軍役規定の過重性に注目し、それに対応するためには名田地主を存続させねばならず、ために小農経営の展開は阻止されたとする佐々木潤之介の軍役論においても前提となる認識だった。(6)ただし注意したいのは、当時から、はたして百姓夫役が中心だったのか奉公人だったのか、「比較的素朴実証的に確認されうる論点」が明瞭にされていないとの批判が出されていたことである。(7)

そこでこの点について考えるため、今度は一六二九(寛永六)年、江戸城石垣普請への動員を取り上げてみよう。このときは「給人に百石一人、御蔵入は二百石一人」の高割がされている(寛永五年一二月六日)。ただし「江戸御普請人足、給人手前の者を立て候共、百性を立て候共、脇指指させ、いしゃう見苦しく無き様に拵え、上させ候」ことを命じられたように〔寛永六年一月八日〕[8]、高割された給人は、一部をみずからの奉公人(「手前之者」)から差し出していた。

さらに次の記事をみよう〔寛永六年一月一六日〕。

一、給人衆、江戸の御普請人足手間銀半右衛門(梅津憲忠)へ尋ね候由、小田部六左衛門・若林掃部申され候、半右衛門申し分は、御蔵郷より二百石一人に夫立て候、此の手間銀百目に定め候間、百性を立てられ候わば、給人より五十目、百石の百性五十目のつらぬきにて立てられ候わば、御蔵並に候間、百性申し分有る間敷く候、給人役の儀に候間、半分の所は、給人つらゐにこれ有るべき由申し候、

小田部・若林の両人が家老である梅津憲忠(政景兄)に、給人が拠出する江戸普請人足に支払う手間銀のことを尋ねたところ、「蔵入地では二〇〇石に一人差し出す人足に対し一〇〇目の手間銀を拠出させている。したがって知行地で百姓夫役を徴発するのであれば、給人が半分の五〇目を出し、百姓からは一〇〇石につき五〇目の手間銀を徴収して人足に支払うことにすれば、蔵入地並になり百姓も不満はないだろう。給人役なのだから、半分は給人の『つらゐに』(意味不詳)するべきだ」、このようにいわれた旨、記録されている。二〇〇石だと百姓の拠出額は一〇〇目になるから、たしかにその点では差はない。ここでいう手間銀は、高割で蔵入地、知行地の百姓がそれぞれに負担し(知行地では給人も拠出)、出向く人足に給付するものだった。

なお一六一七(元和三)年の江戸普請のときには、日数五〇日・手間銀八〇目の約束で赴いたものの、それ以上に詰めた日数分の手間銀を給人が支払ってくれないと百姓が訴え、藩主がそれを認めたとの記事が見える〔元和四年七月一〇日〕。この普請では、手間銀は給人が支払っていた。ちなみに一六二〇年の普請で支払う扶持米として、三〇日間で一人につき米二斗七升五合、銀にして二匁七分五厘を想定しているから(六九頁)、一〇〇目、八〇目という手間銀はかなり高額である。一方で、このころ行われた国元での普請、たとえば一六一八(元和四)年「御城やぶれめ御つくろい御普請」〔元和四年閏三月二五日〕、一六三〇(寛永七)年「窪田御城三之丸御普請」〔寛永七年八月二〇日〕、一六三二(寛永九)年「北野丸御普

請破れ目つくろい」(寛永九年二月三〇日)などでは、いずれも二〇〇石に一人の人足を拠出させているものの、手間銀の記述はみえない。遠方で日数もかかることの代償として、江戸など幕府の手伝い普請に動員されたときには手間銀が支払われていたようである。

だとすれば、その手間銀によって「日用」層を雇用して差し出すことも、あるいはあったかもしれない。実際、院内銀山で過酷な単純労働に従事する者として、「兵農分離や戦乱の過程で、あるいは後進地帯における藩体制設定にともなう重課によって、農村より浮浪して普請場や都市に食を求めて集まる厖大な日傭層、ないし人身売買による下人層」が想定されている(9)。高割で夫役の拠出が求められた村々が、手間銀を支払うことでこうした者たちを差し出すことはありえることだったろう(10)。

このように手伝い普請に際して、拠出する人足の一部には奉公人(足軽と給人の奉公人)をあて、百姓から拠出させる場合もかなり高額な手間銀を与えていた。たしかに軍役は百姓に転嫁されるものではあったが、奉公人で肩代わりさせたり手間銀を与えたりすることで、藩としては百姓経営存立を保障していたといえよう。百姓数の維持・増大政策と労働力の調達とを両立させることこそ、このころの藩の基本姿勢だったということである(11)。軍役の内訳について奉公人が主なのか夫役が主なのか、量的なところを「素朴実証的に確認」することはおそらく困難ではあろうが、そうした藩の政策基調をふまえれば、過重な軍役によって小農経営の展開が阻止されたとは必ずしもいえなくなる。

3 「藩体制の成立」にとっての軍役

そこで改めて注目すべきは、山口がのちに「藩体制の成立」を論じたなかで、「転封と並んで……いっそう一般的に戦国大名を近世大名に転化させるための中央権力の鞭は、『軍役』であった」といい、たとえば常陸時代の佐竹氏は、豊臣政権から課される「際限なき軍役」に対応するため太閤検地を実施し、蔵入地の増強と家中の知行割替を果たすことで藩権力の飛躍的強化を果たした。「『天下』のもとで『国』を治め、『天下』の軍役に従うことで『天下』の権力の構成部分となるところの『大名』、すなわち『藩』権力を打立てた」、とするようなとらえ方である。(12)過重な軍役負担は一見すると阻害要因のようでいて、じつはそれへの対応を通じてこそ藩権力は確立されていったとするわけである。

とはいえ本論文においては、そうした軍役がもった意味について明示的には説明されない。しかも「藩体制の基本的な関係が確立されていく過程」については、先行研究に譲って省略する(八四頁)としていることもあって、秋田藩において軍役が藩体制の確立に果たした役割については、そのものとして押さえておく必要があろう。

佐竹氏は入部に際して、「出羽国秋田・仙北両処進置候」とされただけで、石高の通知を受けなかった。そこで、入部直後の一六〇三(慶長八)年に先竿検地を実施し、家臣の知行高や村高を確定している。ところが一〇年ほどしか経たない慶長末年に、再度中竿検地をやり直していた。その事情について、この論文より以降に書かれたものとなるが、今野真の研究を参照しておこう。(13)それによると、①先竿では、検地によって家臣の知行高を確定した後、一六〇五(慶長一〇)年に村々に黒印定書を交付し、村ごとの免を定めていた。すなわち「軍役規準たる知行高」をまず決め、後からそれぞれ異なる村免を定めるという手順だったので、給人財政に不均等が生じることになった。②そこで、「給人を石高制知行と過重な軍役のもとで再生産させていくためには、負担の実質的公平化が緊急の課題」となり、中竿検地が必要とされた。その際、給人への宛行状《あてがい》において、物成から逆算した「六ツ高」で宛行高を表示することで(検地高×免÷〇・六＝宛行高)、給人財政の不均等を解消しようとした。③一方、村々には黒印定書が新たに交付され、免が定められるとともに、諸役は物成基準となり、百姓にとっての負担の公平化もはかられた。④しかも、村切によって再編成された村を、給人支配や個別経営を越えた生産組織として位置付けるとともに、検地を受けた村へ百姓を定着させることも中竿後の黒印定書で規定された。以上によって「統一的農民支配体制の基礎とそれに基づく知行制」が確立した。

こうして先竿をやり直すための中竿が実施されたのだが、要するに軍役に家臣や百姓を動員するためには、負担の公平化をはかる必要があるという理由からだった。軍役が石高を基準に賦課される以上、同じ石高であっても年貢額が異なる状態は、軍役負担のうえでたしかに不公平である。この点の是正が中竿によって果たされ、実質的に年貢額が賦課の基準とされた。こうして結果的に「藩体制の基本的な関係」が、過重な軍役への対応と抱き合わせにして構築されたということになる。(14)

軍役への対応が藩体制の確立にとって積極的な意味をもっていたことを、このように秋田藩の場合にも確認することができる。本論文で直接そのことへの言及は見えないとはいえ、第一節で主体的条件として、中世以来の家臣団の土着性・独立性が国替えを契機に払拭され、佐竹氏の大名権力がかえって強化されたと述べていたこと、あるいは第三節では当高制(「六ツ高」による石高表示)について、「年貢徴収の便宜のためとも考えられるが、軍役・夫役負担の公平のためにいっそう有効な方法であった」(八五頁)としていることもふまえれば、山口においてはすでに確立されていた見方だったのではないだろうか。

4　近世の国家と民衆

その後こうした山口のとらえ方は、「近世においては、個別領主とその所領内の百姓との関係は、それだけを単独にとりあげて論じることの不可能なものであり、それは兵農分離の時期に最終的には『唐入《から》り』の軍隊を編成する目的で全国的に一挙に定められた諸関係の中でしか考察できないものである」とする高木昭作に継承されてゆく。(15)それに対して、「領主階級の集権体制が完成する以前に、各領域の公儀は個別に領域の百姓との間に、人質の強制執行と逃散の実力行使の相互停止を約した平和契約をかわした」として、領域ごとの個別領主と村との間での「契約」が先行して成立していたとするのが朝尾直弘である。その際、岡山藩や広島藩などの初期の法令にある貢租や夫役の定量化規定について、「公儀たる領主と村による百姓との集団同士の約定＝契約という観点から見直す必要がある」とも述べる。(16)この見解においては、かつて佐々木との軍役論争の際に兵農分離の階級的性格を強調していたこと――「兵農分離は、兵が農を支配する形態であり、兵が農を支配するためにみずからを支配階級（所有者階級）として農から引き離し、みずからの階級的編成をおこない、支配のための暴力機構を構成し、同時に、農民を土地に緊縛し、それから貢租を収奪する、すぐれて階級的な関係として成立する」[17]――は後景に退いているように見える。

しかし秋田藩に即するならば、中竿に際して発給された黒印定書のうち、蔵入地宛のものでは人足仕《づかい》・伝馬夫の量的制限や江戸夫（給人の供奉）の規定を欠くとされており[18]、これらは知行地の村に限って定められたものだった。秋田藩という、入部以前の旧臣土豪が在地したままであり、それらが村落の肝煎を勤めていた後進的な藩でさえ見られることからしても、諸役の上限規定のことを「公儀たる領主と村による百姓との集団同士の約定＝契約」とみなすことには慎重であるべきではないか[19]。秋田藩の事例は、従来からいわれてきたとおり、「重い軍役があればあるだけ、給人の恣意的な農民支配を制約する意識的な方策が必要であった[20]」ことを確認できるものだろう。

ともあれ、この点をどう理解するかは、近世の国家と民衆との関係のとらえ方をめぐっての分岐になっているように思われる[21]。

第三節　藩財政と「領内の上方」

1　「領内の上方」の役割

そのほか第二節では、「藩体制を固めるための」諸出費や軍需品などの購入経費が逐一検討される。そのうえで第三節「藩財政の収入面」では、それら膨大な藩財政の負担を支える収入源について考察されることになる。とくにこちらでは、「領内の上方」と表現されるような、藩領の地域的な特質が浮き彫りになっている。

まず藩の収入としては、米年貢と年貢以外とがほぼ半々だった。そのことに、「米年貢が封建地代として確立をみるためには、水田の増成とその生産力の向上、および米市場の確立が前提となる。そこでこの前提条件が満たされぬうちは、夫役のほか米以外の農工生産物および商品流通への課税がおこなわれるのは当然であった」(八八〜八九頁)との事情を読み取っている。そうした米年貢の脆弱さを補完するものとして、北海路の廻船・商品への課税、鉱山町の諸役銀・運上金銀、山林の材木払代銀などの例が紹介される。後進地域であるがゆえに、所与のものとしてあった「米以外の農工生産物および商品流通」にかえって依拠しなければならなかった。なお「北奥羽の大名は、もともと山野河海の産物とそれらの交易への吸着に、より大きく依拠していた」とされるように[22]、同様なことは年貢基盤の脆弱なほかの藩でも見られることだったろう[23]。

もっとも鉱山町や材木伐採は藩の収入源だったと同時に、蔵米処理の場所でもあった。上方の年貢米市場としての地位が未確立なこの時期[24]、領内に処理できる場所がどうしても必要だった。

うち鉱山町での払米についてはⅠ部1章山口論文で検討されている。一方、材木伐採については、本木入《もときいり》として山子《やまこ》に下付する米を蔵米から充当し、数倍の値で売却して差額を藩の収益としていた。なお、「ろかい《櫓櫂》」を能代で売却する際、「当年よりは諸材木のごとく本米入れ候て、わきをとめ、はらわれ候え」〈今年からは諸材木のように本米を入れて、脇売りを禁じて売却させよ〉と指示している例からすると(元和五年一一月一七日)、本木入には藩が独占的な販売をはかる意図もあったらしい。

ちなみに萩藩では、一六二五(寛永二)年の検地の際に、紙の生産地帯だった藩領東部の山間地域山代《やましろ》を蔵入地化している。そこでは村々の石高と楮数(=製紙量)とを結びつけ、上納すべき年貢を「売米」として還付したうえで、かわりに所定額の紙を上納させた。その紙を大坂へ運んで「売米」額の四割増、五割増などの価格で販売し、差額を藩の収入とすることで大きな利益を得ている。百姓にすれば市場価格よりも大幅な安価での藩への「販売」を強制されたことになる。しかも脇売は厳禁されていた。[25] ここにある「売米」還付が、ちょうど秋田藩の本木入と同様な役割を果たしたことになろう。「貢租米との引き換えによって特産の収納」を行う初期専売の例は種々あるとされるが、[26] それらについても年貢米市場の狭隘さとの関係でとらえる必要が示されているのではないか。「領内の上方」は、どの藩にもそれぞれの仕方であったということである。

ところで山口は、佐々木潤之介との軍役をめぐる論争のなかで、「畿内の手工業生産の高さを問題にする場合、その先進的発展を支えた契機というものを畿内の農業生産力の発展、その結果としての分業関係の展開にだけ求めることは反対です」[27] と述べていた。佐々木にあって初期の幕藩制的分業関係とは、畿内を掌握した幕府が商業・手工業を独占する一方で、藩はアウタルキーを制限され、城下町の商手工業機能の主要部分が畿内に集中されたというものだった。[28] それを批判して、この時期「全国的に展開するところの、商・工人口の、いわば爆発的な増加に支えられたところの、城下町とか鉱山町とかの、町々の建設、そこへの手工業者の移動・定着」に注目すべきだ、というのが山口の主張である。

他方で第二節「藩財政の支出面」においては、上方からの鉄砲や奢侈品の調達費が紹介されていた。たとえば常備鉄砲購入には銀一五四貫かけているが(七五頁)、これだけで現銀収入のおよそ一割に相当したことになり、「上方手工業に対する依存度」がいかなるものだったか、具体的に知ることができる。このように、上方の高い生産力と結びつきながら、後進地帯に新しく藩体制を打ち立てようとしたことを財政面から指摘し、そのことが藩に対する幕府の、また家臣に対する藩の「専制権力の条件となった」ことにもあわせて注意を払っている。

このように、本来上方の高い生産力との結びつきを不可欠としながら、それが十分に果たせないなか藩の存立を支えたものとして、領内での都市域の成長=「領内の上方」に注目するとともに、全国各地での同様な事態がまた上方の「先進的発展を支えた契機」ともなっていたとみなすわけである。政治的な面で幕府への従属が同時に藩体制確立の条件ともなっていたことと相似して、経済的な面においても、幕藩制の構造を地域社会の自律的な展開を組み込んだものとして見ていることになろう。

2　知行地経済と領国のあり方

以上に見た年貢米収入の脆弱さは、蔵入地の少なさにもよるものだった。一六二二(元和八)年で蔵入地は八万一九五六石余であり〔元和八年四月四日〕、寛永初年に本田二三万三五三〇石余、新開一万四七二三石余だった領内石高(七三頁)の三割にすぎなかった。いいかえれば財政基盤の脆弱さは、領内の七割を家臣に知行地として与えたことに由来していた。したがって藩財政を全体として考えるうえでは、家臣の知行地とその再生産の仕組みも含めるべきだが、『社会経済史学』掲載にあたっての末尾の附記に、「家臣団形成に対する財政的諸条件の反映について」は「紙数の関係で割愛しなければならなかった」と記されるように、本論文では直接の言及がない。そこで省かれた家臣の再生産のあり方について、補足的に検討を加えておきたい。

まず秋田藩初期の家臣団の概要については、一六二七(寛永四)年の分限帳[29]によって窺うことができる。第1表にまとめたように、給人として久保田の知行取五四九人と、大館など支城八ヶ所の知行取三三九人とが登載されている。ただし所預りなどの有力家臣や横手番衆一五〇人が別にいた[30]。また蔵米取の給人は久保田に五人が見えるだけであり、ほとんどが知行取だった。その際、一〇〇石未満が六五%を占め、しかもそのおよそ半数が四〇石以下だったように、下層のものが圧倒的に多い。加えて久保田にいる足軽と支城配属の在郷足軽にも知行が与えられている。このように足軽も含めた下層の家臣にまで知行地を与えたことが特徴だと思われる。常陸五四万石から半分以下に減転封されたなかで、家臣それぞれに知行地を与えることにはいかなる意味があったのだろうか。

そこで第2表によって領内高の推移を見ると、一七世紀後半までに新田が大幅に増加していることがわかる。この間、石高は約八万石、三割ほど増加している。このことは七三頁で言及されるとおりである。ところが第3表によって一六七

第1表　1627(寛永4)年　家臣団の構成

知行高	久保田	檜山	刈和野	角館	茂木	大館	十二所	根岸	島崎	計
15,000石				1						1
6,000石～	1					1				2
1,000石～	9							2		11
500石～	19			2						21
400石～	8	1		1			1			11
300石～	19			1		1		3		24
200石～	45		1			1		2		49
100石～	149	4	2	5	10	7	14	4	1	196
100石未満	299	20	16	32	69	72	46	6	13	573
知行取計	549	25	19	42	79	82	61	17	14	888
蔵米取	5									5
足軽	1140	60	100	35	60	50	55	60	25	1585

『秋田県史』2巻　近世上，第39表を加工。

第2表　領内高の推移

年	本田　(石)	新田　(石)	計　　(石)
1625年	233,530.50	14,723.61	248,254.12
1645年	233,426.95	51,963.64	285,390.59
1671年	225,399.06	103,763.51	329,162.57

「先御代々御財用向御指繰次第覚」『秋田県史』史料編　近世上，431号。

第3表　1671(寛文11)年領内高の内訳

	本田　(石)	新田　(石)	計　　(石)
御蔵入	69,672.01	11,221.80	80,893.82
給分	155,727.05	92,541.71	248,268.75
計	225,399.06	103,763.51	329,162.57

「先御代々御財用向御指繰次第覚」『秋田県史』史料編　近世上，431号。

一(寛文一一)時点の内訳を見ると、新田の実に九割を知行地(給分)が占めていた。新田開発による大幅な石高増加は主として知行地において進んだ事態なのだった[31]。ために蔵入地の占める割合は約二五%とさらに低下している。

藩は、家臣に指紙《さしがみ》を発給して開発を許可し、開発地はその知行地に組み込ませる指紙開を行わせた。のちには開発地の大部分を藩が収公する忠進開に切り替わったとされるが[32]、この制度のもとで新田の多くが知行地となっていたのである。常陸時代と比べわずかな知行しか与えることができなかった家臣たちの再生産を保障するため、新田開発を奨励し、その成果を知行地に組み込ませる方策をとっていたと考えられる。

ちなみに秋田藩と同様、関ヶ原合戦で大幅に領地を減ぜられ、領国に比して過大な家臣団を給養しなければならなかった萩藩の場合、拝領開作といって家臣に新田開発の権利を与えている。その際とくに瀬戸内沿岸の干潟が開発地に見定められることが多かった。そうすることで少ない知行の穴埋めにしようとしたわけであり、減転封された藩に共通した対応だったのだろう。「新田開発のありかたと秋田藩の地方知行の固さとの関連は考察に値する」(七四頁)とあるように、新田開発を通した自活を求めたことで、過大な知行地が維持されたものと思われる。

ところがそうなると、知行米の処理という問題が発生する。そこで蔵入米は鉱山への払米や材木伐採の山子への本木入として処理し、一方の知行米は久保田や支城城下町でもっぱら販売させたのではなかったか[33]。「上方・藩外への廻米に制約があった」(八七頁)なか、「領内の上方」での処理をこのように仕分けたものと思われる。

そもそも久保田のほかに領内各所に支城を配置したのは、「一方に土豪一揆を鎮圧し、かつ隣藩に対する押え」とする駐屯軍を配置するためだった(六〇頁)。やがて土豪一揆は見られなくなってゆき、七〇頁に紹介される所預りの置かれた支城のうち、いくつかは廃城となったし、残った城も横手・大館のほかはいっせいに破却され館だけが残された。領内を軍事力で威圧しておく必要性は、入部直後のころに比べれば大幅に減じていたはずである。にもかかわらず横手、大館以外の支城においても、内町・外町からなる、久保田に類似した小城下町はその後も維持されたままであった。その際特徴的なのは、諸藩で家老クラスのまとまった知行所と陣屋町が領内各所におかれたのと違って、有力家臣のもとに藩の直臣団を配属し、支城に集住させせつづけた点にある。「占領軍」として領内を圧伏しておく必要性は低下したのに、そうした家臣団の駐屯地が存続することとなったのは、家臣知行地からの「年貢米販売のための『上方』をつくる必要」(七一頁)が一貫してあったからだろう。

そうであれば、たしかに「領内の上方」は、中央市場が未確立な段階における過渡的な状況に対応したものだったとはいえ、その仕組みは中期以降にも持続していたことになる。領内各所に家臣駐屯地の小城下町があり、しかも「諸城下町の町割に示された開明性」(同前)と評される秋田藩独自のあり方は、成立期藩財政の特質に強く影響されたものだった。

おわりに

かつて幕藩体制の特質究明をめざすなかで取り組まれた藩政史研究に対し、二〇〇〇年代になってから、個別の藩に即した研究が盛んである。それらにおいては、藩政と、藩領の地域社会のあり方とを総合して考えることが共通してめざされている。最初に述べたように、藩の個体性そのものを重視するという点では、「秋田藩成立期の藩財政」はさきがけの位置にある。そうした意味においても、本論文は改めて読み直されるべきものだろう。

ただし注意したいのは、たとえば高野信治が行った中間的な総括のなかで、大名権力に対する家臣の家も含めた諸集団の、また幕府に対する藩の自律性を評価したり(34)、あるいは岡山藩の共同研究が、「自律性をもったさまざまな集団のありようを、あるがままに含みこんで捉える」のが「藩世界」という概念であり、それは「ピラミッド型の理解とは対極にある考え方である」としたりするように(35)、それらのなかに藩や諸集団の自律性にとりわけ注目しようとするものが見られる点である。

しかしながら「秋田藩成立期の藩財政」が提示するのは、藩体制の確立は軍役を軸とする幕藩体制に組み込まれることをとおして可能となったのだし、藩の再生産の仕組みも、上方の高い生産力と結びつく一方で、地域社会の特徴を反映し、またそれを生み出すなかでできていったとの視座だった。専制か自律かの二項図式ではなく、体制全体の原理と地域社会の自律的な展開とを相互規定的な関係としてとらえる方法である。そこからすれば、領内の地域社会そのもののいっそう詳細な検討を進めつつ、それとの連関において藩政のあり方をとらえ直すことが求められてくる。(36) 本論文をもって藩政史研究の原点とみなす所以にほかならない。

(1)〔山口 一九九三〕一一九頁。

(2)〔金井 一九五八〕一頁・一七頁。

(3)〔佐々木 一九五九〕四〇頁。

(4) 山口啓二「藩体制の成立」『著作集』②一六五頁(初出一九六三年)。

(5) 本文中では、「在郷足軽二九〇人と、江戸御供の足軽から一〇人、計三〇〇人の足軽を割当てた」とあるが(六八頁)、「十人のぼり衆申し付け候と申し遣し候、其の故は、江戸上下の御供仕らざる者に候間」の記述からすれば(元和六年一月一六日)、「江戸御供の足軽から一〇人」とあるのは、参勤交代を免除された「昇衆」のことと解した方がよいのではないか。この普請において、参勤交代に従事するものは原則割り当てを免ぜられていたと考えられる。

また足軽が実際に人足として使役されていたことは、一六三一(寛永八)年八月、窪田での普請に動員された例からも窺うことができる。そのときの『日記』の記事によれば、政景が普請開始後数日して現場を訪れたところ足軽が一人もいない。事情を質すと「数もっこ持ち極め候間」〈足軽が運ぶもっこの数を決め、それを終えたので、の意味だろう〉、帰ってしまったとのことだった。そこで足軽頭を呼びつけて、足軽が「数もっこ穿鑿」する〈自分たちで運ぶもっこの数を決める〉のはおかしい。そもそも一日に運ぶ距離は五里までとの規定があるし、人足たちと違って、あと十日ほどすれば現場から上げてやるはずだと述べた。それに対して、十日といわずあと五日だけにしてほしいというので、ならばもっこの数を増やし、朝から晩まで働くようにせよ、と指示している〔寛永八年八月二一日〕。人足の監督といったことではなく、人足と同様に土木作業に従事するものだった。

（6）［佐々木　一九六一］

（7）［朝尾　一九六五］〈［同　二〇〇四b］に収録、三九頁〉。

（8）ここで人足に脇差を指させ、見苦しくない衣装を着させたのは、普請現場での要請だったのかもしれないが、むしろ江戸へ赴くまでの隊列における配慮だったのではあるまいか。いずれにせよ、上洛にあたって騎馬に「綺羅《きら》」をさせるため貸銀を行っていること〔寛永六年一月八日〕と同様の意味があったのだろう。このことにも普請役がもつ軍役と通底する性格を見て取ることができる。

（9）本書Ⅰ部1章二六頁。

（10）町人に課される人足役をめぐっては、「町人足役が実は当初から代銀納であることから、京都では初期からこれを請負う商人と多数の日用が存在したと思われる」と指摘されている〈［吉田　一九八〇］〈［同　一九九八］に収録、三八頁〉〉。百姓夫役においても、部分的には同様な事態がありえたのではないか。

（11）［高木　一九八一］〈［同　一九九〇］に収録〉。

（12）前掲山口注（4）一七二～一七四頁。

（13）［今野　一九七八］

（14）一六四六（正保三）年からは後竿とよばれる検地も行われている。村切の断行や給人知行制確立などの指標から、この後竿をもって「小農民の自立を体制的に完了せしめたもの」とし、藩政確立の画期と評価したのが鎌田永吉である〈［鎌田　一九五九］〈［同　一九七七］に収録、三二一頁〉〉。これに対して今野は、そうした指標は中竿によって実現しており、後竿は新田開発の成果を取り込むためのものだと批判している〈前掲［今野　一九七八］〉。もっとも今野も、秋田藩における「小百姓をも組み入れた『村』の成立」は一七世紀後半になってのことと想定しており〈［今野　一九七九］一一四頁〉、その認識は鎌田と共有している。あくまで「統一的農民支配体制の基礎」の確立期をめぐる論争だった。

（15）［高木　一九八〇］〈前掲［同　一九九〇］に収録、一六〇頁〉。なお高木は、「石高は、農民から年貢を取り立てるというよりも農民を夫役に動員する規準として構想され、機能させられた」(［高木 一九八四b］〈［同 一九九〇］に収録、一三頁〉)とも述べるように、山口の見方をさらに徹底させている。

(16) ［朝尾 一九八五］(［同 二〇〇四a］に収録、三五二~三五三頁、三五五頁)。

(17) ［朝尾 一九六二］(［同 二〇〇四b］に収録、一八頁)。

(18) 前掲［今野 一九七八］注(13)。

(19) 朝尾の所説に対しては、［牧原 二〇一五］も批判を加えている。

(20) 前掲山口注(4)二〇〇頁。

(21) 塚田孝によって定式化された身分理解の仕方――「前近代社会における二重化がなおみられない人間の存在様式、これが身分であって、身分が身分たりうるためには個人と国家・社会全体が即自的に関係づけられていなければならないが、それを媒介するのが〝集団〟であると考えられる」(［塚田 一九八五］〈［同 一九八七］に収録、九頁〉)――が、体制全体の原理と個別藩の確立との相互規定的な関係をいう山口の方法と重なる面があることに改めて気づく。他方で、「公儀(将軍権力)の専制性と集権性を際限なきものの如く捉える幕藩制構造論・国家論」「ステレオタイプ化した公儀専制的近世国家像」と研究史を把握する論者は、「領主・農民関係の契約的側面を浮き彫りにした朝尾直弘の研究」のことを「こうした幕藩制国家像の見直しをすすめ」るものと評価している(［稲葉 二〇〇九］一六~一七頁)。

(22) ［牧原 二〇一八］六九頁。

(23) 第三節註(34)で萩藩との比較がなされている(九五頁)。改めて当該史料(萩藩の蔵入算用)に即すると、一六一八(慶長一三)年分は米と銀・銭の米価換算での比較では米が約六一%を占め、たしかに米の比重が高い。ところが翌一六一九年分を同様に計算すると米は五〇%、一六二〇年分五二%、一六二一年分五六%だから(［田中 二〇一三］四二~四三頁)、「秋田藩と比べると米年貢の比率がはるかに高い」わけでは必ずしもない。商品流通への依存は、初期の諸藩に多かれ少なかれ見て取れる傾向なのではなかろうか。

ただし蔵入地の占める割合は、萩藩では三井《みい》検地(一六一三年)で二八~三二%、熊野検地(一六二五年)で四二%、宝暦検地(一七六三年)六九%と、検地のたびに拡充していっている［田中 二〇〇一］。これと比べると、近世を通じて三割程度しかなかったという秋田藩はやはり特異だろう。この点については後述する。
(24) この時期、上方への廻米に制約があった事情についても第三節で言及され、そのなかで敦賀・大津の蔵宿のあり方にも注意が払われている(八六頁)。その後この問題は何人かの論者によって取り上げられてきたところである(最近の包括的な評価は、[原 二〇一四]を参照)。これら蔵宿のあり方は、初期の大坂の蔵元を考えるうえでも参考になると思われる。
(25) [田中 二〇一三]第五章参照。
(26) [吉永 一九七三]四頁。
(27) 山口啓二「幕藩制の構造的特質について」(初出一九六二年、『著作集』②に収録、二二六頁)。
(28) 前掲佐々木注(3)。
(29) 「窪田配分帳」「在々給人配当帳」(『秋田県史』資料 近世編上、二三八~二六〇頁)。
(30) 『秋田県史』二巻 近世編上
(31) [今野 一九七七]
(32) 前掲注(30)。
(33) Ⅱ部「史料研究ノート2」参照。
(34) [高野 二〇〇六]
(35) [岡山藩研究会編 二〇〇〇]三五頁。
(36) こうした問題を自覚的に追及した近年の成果として、[齊藤 二〇一八]がある。

あとがき

「先学の古典を学び、現代に蘇生させるプロジェクト」として「山口啓二の仕事」を若い世代に伝えようと、第一回の編集会議が開かれたのは昨年一月のことだった。山口啓二氏が遺した膨大な蔵書や研究資料群については、夫人で同じく歴史学研究者である村田静子氏(一九二三〜二〇〇三)のそれとともに、「啓静文庫」として二〇一三年秋以来整理作業が取り組まれているところであり、それと並行して立てられた企画ということになる。一年余りの編集作業を経て、奇しくも生誕からちょうど百年目に刊行ができそうである。今回の企画について、ご遺族のご快諾・ご厚情をえたことには、記して謝意を表したい。

最初は山口論文二編を選び、それに解説を付すというコンセプトだったと記憶するが、会議を重ねるたび、さまざまなアイディアが加わって、思いもかけず盛りだくさんな内容となった(編者による対談を付してあとがきに、との構想もあったもののそれはかなわず、結局私が一人で書くことになった)。近世史研究、歴史研究にこれから携わろうとする学生、大学院生のみなさんに手にとっていただけるよう、できるだけの工夫をほどこそうとした結果でもある。

そうして企画を進めるなか、現地にも足を運ぶ必要があろうということで、編者二人して夏の盛りの秋田へも赴いた。かつて一万人の人びとが暮らしたという院内銀山は、思っていたより狭隘な谷筋で、寄ってくる虻の群れに閉口しながらも、この山々に囲まれた同じ道を梅津政景が行き来し、六〇年前には山口氏も歩いたのだと思いを馳せることができた。また秋田県公文書館では『梅津政景日記』の原本を閲覧できた。しばらく表紙に見入ったあと、感慨深げに一丁一丁をめくっていた吉田氏の姿を思い出す。同館の煙山英俊氏には、さまざまな貴重な情報をご提供いただき大変お世話になった。その場で金森正也氏とも偶然にお会いでき、悩んでいた史料の読みや意味についてご教示をえられたことも幸いだった。

それにしても、にわか勉強でしかないのに、秋田藩のあれこれについて述べたことがどれだけ正確だったのか、不安はぬぐえない。ご批正を願う次第である。

また、会議のなかで出たアイディアに、英語による解説をできるだけ充実させるということもあった。そこでダニエル・V・ボツマン氏(イェール大学歴史学部)に相談したところ、大変ご多忙のなか、しかもわずかな期間しかなかったにもかかわらず、快く翻訳の労をとっていただけた。大学院生のリンザー氏とソーントン氏とともにお礼を申し上げたい。日本史研究が固有に積み上げてきた分析の視点や方法についての、おそらくは最良の成果を介して、いっそうの研究交流が進むことを願っている。

それにしても一年あまりという短期間で仕上げることができたのには、福重恵子氏(お茶の水女子大学大学院生)のサポートが大きい。原稿をすみずみまで読んでもらい、書誌情報の確認やふりがなの付け方にいたるまで、そうしたことにはどちらかといえば大らかな編者二人の欠を大いに補ってもらった。貴重な時間を犠牲にさせてしまい恐縮に思っている。

＊　＊　＊

一通りの編集作業を終え、こうしてあとがきを書いていて胸に去来する、ある情景がある。立教大学で開催された「山口ゼミ」の終了後、構内を並んで歩いていた山口氏が、ふと、「あの戦争では若い人を何人も死なせてしまった。本当に可哀そうなことをしたんだ」とつぶやくように話した時のことである。その横顔には、平和と民主主義の実現のために歴史研究に取り組んできた半生が刻み込まれているように感じられた。研究の中身とともに、そうした戦後歴史学の精神といったものは引き継ぎ、引き渡していかなければいけないのだと思う。

二〇二〇年三月

編者の一人として
森下　徹

読《よ》む解《と》く学《まな》ぶ　日本近世史《にほんきんせいし》　全体史《ぜんたいし》へ〈山口啓二《やまぐちけいじ》の仕事《しごと》〉

2020年5月12日　第1版第1刷印刷　　2020年5月22日　第1版第1刷発行

編　者　　吉田伸之《よしだのぶゆき》・森下　徹《もりしたとおる》

発行者　　野 澤　伸 平

発行所　　株式会社　山川出版社
〒101-0047　東京都千代田区内神田1-13-13
電話　03(3293)8131(営業)　03(3293)8135(編集)
https://www.yamakawa.co.jp/　　振替　00120-9-43993

印刷所　　株式会社　太平印刷社

製本所　　株式会社　ブロケード

装　幀　　菊地信義

ISBN978-4-634-59304-6

編　者

吉田　伸之　よしだ　のぶゆき

1947年に生まれる。1975年，東京大学大学院人文科学研究科修士課程修了

現在　東京大学名誉教授

主要著書　『巨大城下町江戸の分節構造』(山川出版社，2000年)，『伝統都市・江戸』(東京大学出版会，2012年)

執筆担当　序章，Ⅰ部１章要旨・１章後補，Ⅱ部解説２・史料研究ノート１，Ⅲ部１章

森下　徹　もりした　とおる

1963年に生まれる。1993年，東京大学大学院人文科学研究科博士課程単位取得退学

現在　山口大学教育学部教授

主要著書　『日本史リブレット45　武家奉公人と労働社会』(山川出版社，2007年)，『近世都市の労働社会』(吉川弘文館，2014年)

執筆担当　Ⅰ部２章要旨・２章後補，Ⅱ部解説１・史料研究ノート２，Ⅲ部２章，あとがき

英訳者

Daniel V. Botsman (Yale University) ほか

山口啓二略年譜

1920年 5 月22日	東京駒込千駄木町に生まれる
1938年 4 月	第一高等学校文科丙類入学
1942年 4 月	東京帝国大学文学部国史学科入学
1944年10月	東京帝国大学大学院進学
1945年10月	東京帝国大学大学院特別研究生
1947年10月	東京大学史料編纂所勤務
1953年 4 月	『梅津政景日記』の編纂に加わる
1970年 4 月	東京大学教授(史料編纂所)
10月	東京大学文学部(国史学専修課程)講師併任
1973年 4 月	東京大学大学院人文科学研究科担当(併任)
1978年 4 月	名古屋大学教授(文学部)併任。翌年配置換え
1983年 3 月	名古屋大学教授を辞職
2013年 7 月 7 日	逝去

Introduction
Towards Total History: The Work of Yamaguchi Keiji

Yoshida Nobuyuki
Trans. Daniel V. Botsman (Professor of History, Yale University)

1. The General Idea and Aims of this Book

The task of studying and writing the history of the Japanese archipelago is one to which many historians have devoted themselves over the years, and their efforts have yielded a wealth of valuable scholarship. The colorful histories of past societies are never produced solely by the tiny groups of people who wield power or become famous. In all periods of history, it is ordinary individuals, struggling as best they can to work and make a life for themselves, who labor and produce, and serve as the carriers of culture. In this regard, ordinary people should always have been the central characters in our understanding of the past. And, yet, in the case of the Japanese archipelago, it was only in the the past 70 years or so, from the middle of the 20th century, that serious efforts to carefully and accurately research the lives of ordinary people, and develop an overarching understanding of them, began to be made. This shift coincided with the establishment of the current constitution of Japan in 1947. During the long years of the Asia-Pacific War, militarist Japan, with the Emperor at its head, invaded its neighbors in the region, inflicting enormous suffering, destruction and loss of life; as the country's citizens were pulled into the war effort they too were forced to endure many losses, and in the end the country was left in a state of utter devastation. The current consitution, based on a deep sense of remorse and self-reflection, renounced war and established the principle of popular sovereignty; and in conjunction with these things it also guaranteed freedom of scholarship (*gakumon no jiyū*). In this regard, the turn in historical scholarship after the war towards the study of ordinary people and the social worlds in which they lived was deeply connected to the establishment of Japan's "Peace Constitution."

This book considers the contributions of Yamaguchi Keiji—a specialist in the history of Japan's early modern period, and one of the many scholars who, immediately after the Asia-Pacific War, in the late 1940s, worked to develop a new approach to historical research, which would seek to understand the past from the perspective of ordinary people. At the core of the book are two articles published in quick succession by Yamaguchi in 1958 and 59. Through a deep re-engagement with the content of these two articles, our goal is to reflect upon what it means to study history and, in particular, the history of early modern Japan. We also hope to offer a careful examination of Yamaguchi's historical method, the broader "problem consciousness" that lay behind his work,

and the theoretical underpinnings of his understanding of history.

Including this first, introductory section, the book consists of a total of four parts. In part I, we invite you to read through the two featured articles by Yamaguchi Keiji. Both were published some 60 years ago as specialist academic research articles, and readers who are new to the study of history may find them somewhat difficult to understand. For this reason we have added explanations of all specialist terminology alongside the original texts. We have also added instructions about how to correctly read passages from original sources cited in the main text, providing full translations into modern Japanese and detailed explanations about how to understand them. In part II of the book we turn our attention to the main primary source Yamaguchi drew upon in writing his two articles—the Diary of Umezu Masakage (*Umezu Masakage Nikki*). The two editors each offer a careful reading of one specific entry from the diary, together with an explanation of what can be learned from it. In this way, we hope to give readers an understanding of how Yamaguchi himself approached the sources he used to write his articles and how he set about reading, analyzing and building an argument from them. Finally, in part III, the two editors each reflect on the articles featured in part II of the book, offering their own thoughts about what they have to teach us today and what new research challenges they open up.

2. A Brief Biography of Yamaguchi Keiji

Yamaguchi Keiji (1920–2013) was born in Tokyo and came of age during the Asia-Pacific War. He started on the path to becoming an historian from around the time of Japan's defeat in 1945 and after the war was one of the first to join the effort to develop a new approach to historical scholarship grounded in the ideals of freedom and democracy (often referred to today as "Post-war historical studies" (*Sengo rekishigaku*)). In the years that followed, Yamaguchi would go on to produce a string of important work on the history of early modern Japan.

Keiji was born in Sendagi (now in Bunkyō-ku) in Tokyo, as the second son of Yamaguchi Masaji (1887–27) and Ayako (1898–1987). Masaji, Keiji's father, was originally from Omino village (now part of Kawashima-machi) in Hiki-gun in Saitama Prefecture. After studying at the First Higher School (Ichikō), he went on to graduate from the Faculty of Law at Tokyo Imperial University, and took a position in Japan's colonial administration in Korea. After this he worked as a lawyer, participating in the effort to abolish prostitition and various other social reform movements. In 1924, immediately before the introduction of universal manhood suffrage, he ran in the general election for Japan's 15th Diet and won a seat in the House of Representatives for Saitama's 3rd District. As one of a small group of independent liberals in the Diet at this time, he worked to uphold the principles of democracy and fight on behalf of weaker members of society, opposing the infamous Peace Preservation Law and lending his support to the cause of

women's suffrage, the labor movement and tenant-farmers. As a result of his punishing workload, however, in Feburary 1927 he collapsed in the Diet and died soon afterwards. Keiji, who was just six years old at the time, was taken into the care of his maternal grandfather, Saitō Agu, together with his mother, older brother, Yōichi, and older sister, Takiko. In spite of his early death, Masaji remained a major influence on Keiji, as someone who had lived his life always "wanting to stand together with the small, the poor, the weak and the sick" ("Kikigaki", p. 62).

Keiji's grandfather, Saitō Agu (1868–1942), who took responsibility for raising him after his father's death, had been a classmate of prominent literary figures Natsume Sōseki (1867–1916) and Masaoka Shiki (1867–1902) at the First Higher School and Tokyo Imperial University. While at the university, Agu studied under the German historian Ludwig Riess (1861–1928) and became the first scholar to research the history of Japan's foreign relations during the early modern period. As a professor at the Second Higher School he spent an extended period studying in Germany and the Netherlands and following his return home to Japan he was appointed to the First Higher School, where he continued to teach for many years. Keiji learned a great deal from his grandfather: Under his tutelage he proceeded from the Higher Normal School's affiliated Middle School to the First Higher School, and then on to Tokyo Imperial University to study history. He wrote his graduation thesis at the university on the topic of "Matsudaira Sadanobu and Coastal Defence" (*Matsudaira Sadanobu to kaibō*, 1944; re-published in volume one of his collected works) and with this first work of original scholarship began his career as a research historian.

In October 1945, just months after Japan's defeat in the war, Keiji was appointed to the position of "special research student" (*daigakuin tokubetsu kenkyūsei*) in the university's national history research center (*kokushi-gaku kenkyūshitsu*). The following year, under the guidance of Professor Itazawa Takeo (1865–1962) and Assistant Professor Sakamoto Tarō (1901–1987), he joined with Inoue Mitsusada (1917–1983; then the center's senior research assistant (*joshu*)), and Seki Akira (1919–1996; then secretary of the Historical Society (*Shigakkai*)) to take a central role in rebuilding and democratizing the center, in order to create an institution "that would be open and accessible to all people" (Kikigaki, p. 180).

In October 1947, after completing his term as a special research student, Keiji took up a position at the Historiographical Institute at Tokyo University, with responsibility for the compilation and publication of historical documents from Japan's early modern period. While working towards the democratization of the Institute (Kikigaki, p. 228–232), which remained mired in the old culture of the pre-war era, Keiji was assigned the task of preparing the text of "The Diary of Umezu Masakage" (*Umezu Masakage nikki*) for publication. This was a job that would take him more than a decade to complete and, as we shall see in more detail below, in struggling with the materials in the

diary, he would come to pursue research on a wide range of topics, including the Bakuhan state, the Tokugawa "closed country" policies, urban history and the history of technology. At the same time, he was also deeply involved in various professional organizations, playing a significant role in the re-organization (in 1959) of the country's most important historical society, the Historical Science Society of Japan (*Rekishigaku kenkyūkai*) (first founded in 1932), and in the founding of the Association of Historical Science (*Rekishigaku kyōgikai*) in 1967. He also played a role in labor unions at Tokyo University and the Historiographical Institute, partcipated in the legal battles over the May Day and Matsukawa Incidents, joined the effort to support democracy internationally in places such as Chili, and particpated actively in the peace movement and a wide range of other progressive social movements.

From the Fall of 1970, while continuing his duties at the Historiographical Institue, Keiji began offering graduate and undergraduate classes in the Faculty of Letters at Tokyo University, where he was to have a large influence on his students. Between 1979 and 1982 he also taught in the Faculty of Letters at Nagoya University, where he was again to nurture the development of many young scholars.

3. Yamaguchi's Historical Scholarship

Yamaguchi Keiji's historical scholarship was the product of four main constitutive elements. First, there was his work on Japan's relations with the Dutch, and foreign relations more generally during the early modern period. His interest in this field was clearly shaped by the influence of his grandfather, Saitō Agu, who we have already discussed above. Having taken over responsibility for raising Keiji after his father's death, Agu drilled his grandson in classical Chinese from a young age, and with his free command of German and Dutch sources in his own research, he provided an important model for Keiji. Given this background, it was only natural that as a student of Japanese history at Tokyo University, Keiji should have chosen to write his graduation thesis about "Matsudaira Sadanobu and Coastal Defence." Throughout his career, Yamaguchi continued to integrate questions of foreign relations into his work and always brought a global perspective to his studies of early modern Japan. This is readily apparent from the structure of his classic work, *Sakoku to Kaikoku* (Iwanami shoten, 1993) ["Closed country/open country"].

A second major element of Yamaguchi's scholarship was the theoretcial framework of historical materialism, which he began to engage in 1942, during the war, after meeting Hani Gorō (1901 83), a leading figure in the Kōza-ha group of Marxist historians. This was the period when the absolutist ideology of the wartime Emperor system was at its most ferocious, and when Tokyo University's national history research center had been transformed into a stronghold of the ultra-nationalistic approach (*kōkoku shikan*) of figures such as Hiraizumi Kiyoshi (1895–1984). Yamaguchi tried to avoid contact

with the center while it was in this state, and instead found an opportunity to talk directly with Hani, who, in his pursuit of scholarly freedom and democracy, was able to maintain his independence during the war. In this way, Yamaguchi came to engage with Hani's scholarship and the broader theory of history undergirding it. For Yamaguchi, who had lost his father, Masaji, at such a young age, and who had grown up with a strong sense both of loss and respect for his father's achievements as a progressive politician, the encounter with Hani and his scholarship was clearly a major event that played a critical role in shaping his subsequent worldview and understanding of history.

A third constitutive element of Yamaguchi's scholarship was his work on regional and local history (*chiiki shi*), which began immediately after the war with his participation in a survey of historical documents held in the village of Nagaoka (now part of Minowa-machi) in the Kami-Ina district of Nagano Prefecture. This was Yamaguchi's first experience of a fieldwork expedition to study locally-held historical documents. His collaborators on the survey were Nagahara Keiji (1922–2004) and Inagaki Yasuhiko (1921–1982), both of whom would go on to become leading scholars of Japan's medieval period. Together they were also able to consult and develop relationships with younger members of the local community. Soon after participating in the Nagaoka survey, Yamaguchi went to visit Furushima Toshio (1912–1995), the much respected scholar of agrarian history, at his office in Tokyo University's Department of Agriculture. Under Furushima's guidance, Yamaguchi subsequently became involved in running a a group to coordinate surveys of rural communities (*Nōson chōsa renrakukai*). This led to his participation in new surveys at places such as Ainoshima (today part of Suzaka-shi in Nagano Prefecture) and Shibokusa (now Oshino-mura in Yamanashi Prefecture). At a time when post-war land reforms and the dismantling of the old systems of landlord domination were helping to democratize and radically change rural society, these early efforts to survey and study historical materials in local areas generated a groundswell of similar activities that soon spread across the entire country. This development marked the true birth of a new approach to the study of history focused squarely on the local societies in which ordinary people made their lives. In the years that followed, while continuing to perform his duties at Tokyo University's Historiographical Institute, Yamaguchi would become centrally involved in the preparation of regional histories for places such as Ōtsuki-shi in Yamanashi Prefecture, Higashi Matsuyama-shi in Saitama Prefecture, and Honjō-shi in Akita Prefecture. Right up until the final years of his life he also worked with his wife, Murata Shizuko (1923–2003), a significant scholar in her own right, to study and organize a set of historical documents owned by the Kikuchi family of Suhara village (now Yuasa-chō in Wakayama Prefecture). In this way, he continued to devote himself to the study of local history throughout his professional career.

The fourth core element in the development of Yamguchi's scholarship were his labors in preparing the diary of Umezu Masakage for publication, a project to which he

would devote himself for more than a decade after he took up his position at the Historiograhical Institute. Umezu Masakage was one of the leading retainers of the Satake House, a powerful Daimyō family that the Tokugawa forced to relocate from their base in Hitachi to a significantly reduced territory at Akita in the north of Honshū in 1602, after the Battle of Sekigahara. Masakage's diary covers the years between 1612 (Keichō 17) and 1633 (Kan'ei 10), and provides a wealth of detail about the silver mining town of Innai and other mining communities, as well as the castle-town of Kubota (Akita), the shogunal capital of Edo, and Sunpu (where Tokugawa Ieyasu lived after his official retirement as Shōgun). Day in and day out Masakage kept a vibrant record of the voices of the people he encoutered from a wide variety of social classes and backgrounds, along with details of the various social worlds to which they belonged. Through his own daily struggle with the contents of the diary, Yamaguchi was able to thoroughly ground himself in the particulars of the Satake clan and its territories, and on this basis develop an understanding of the structures of Japan's early modern society during its formative period. By paying attention to the way in which the details he encountered in the diary fitted into society overall, moreover, he was able to develop an overarching picture of the "Bakuhan system" (*Bakuhan taisei*) that emerged in the early 17th century.

In the years between the end of the war and the early 1960's these various elements came together to form the basis of Yamaguchi's historical scholarship, allowing him to produce a succession of important articles based on his own original analysis of historical sources. This was an astonishing achievement at the beginning of a new era: After terrible sacrifice and loss the authoritarian controls of the wartime state and the suppresssion of free, democratic scholarship in the name of studying "the history of the Imperial realm" (*kōkoku shikan*) had collapsed. Now, a new post-war approach to the study of history (*sengo rekishi-gaku*), which put the country's ordinary people at the center of historical scholarship, was being established. It is from this period that the two articles by Yamaguchi featured in this book are drawn.

4. Historical Details and Total History

Yamaguchi Keiji's historical scholarship can be said to have the following characteristics. First, in conducting his research, Yamaguchi studied his sources—documents and collections of documents—exhaustively, carefully reading through them and grasping them in their entirety. Rather than just pulling together whatever sections of a set of historical documents might support his initial ideas (i.e. working hypotheses) about a topic, he instead took pains to examine every aspect and detail of his sources, including sections of documents that might have seemed, at first, to have little content. On this basis, he always strove to get as close as possible to an accurate understanding of the realities of the past society in which his sources were produced and to develop a

true picture of the people who constituted that society.

Second, from his struggle with historical sources Yamaguchi was able to extract original ideas for explaining the past, which he expressed using language taken from the documents themselves. In the two articles re-produced in this volume, the ideas captured in such powerfully suggestive phrases as "the people are the mine, the mine is the people" ("hito wa yama, yama wa hito") and "limitless military service" ("saigen naki gun'yaku") offer examples of this.

Third, alongside the rich diversity of ideas and arguments contained within it, Yamaguchi's work clearly displays an aspiration towards total history (*zentai-shi*). In the two articles re-produced in this volume, Yamaguchi considers the nature of the transitional period in which the foundations of early modern society were first established. He explores how the great warrior lords of the Warring States period became early modern rulers, and how small households of individual farmers, artisans and merchants began to assert independence from the larger collectivities of the medieval past, while also examining the particular characteristics of state power in this period. At the same time, the articles are also full of valuable insights about the history of technology and urban history. Yamaguchi would later bring all of these different strands of his work together in his acclaimed book, *Sakoku to Kaikoku*, in which he would provide a total history of Japan's early modern society.

These various characteristics of Yamaguchi's work are connected, at a deep level, to the way he lived his life. While continuing to participate actively in social movements for democracy, peace, labor rights and so on, he also strove to be a good individual citizen, working in concert with his family members and fellow citizens, to cultivate and hone a democratic sensibility and sensitivity to human rights. Having reflected deeply on the nature of contemporary society, and developed his skills of critical observation in relation to it, he was also able to critically examine the fundamental nature of past societies from the base up. Underlying all of this, was, at all times, a deep sense of empathy and connection to ordinary people.

The two articles reproduced in this volume demonstrate the importance of analyzing and writing about the past not in a superficial way but from its depths, not from the perspective of the powerful and famous, but from that of ordinary people. They demonstrate the need to understand historical phenomenon in relation to the totality of a society, rather than just as isolated parts and fragments, as well as the value of focusing on the concrete facts one has unearthed as a researcher, rather than the abstract discursive frameworks provided by others. In short, we believe these articles offer readers an opportunity to appreciate and learn the very essence of historical scholarship.

Summary of "A Mining Town in Akita Domain at the Beginning of the Early Modern Period"

Yoshida Nobuyuki
Trans. Joanna Linzer (Ph.D. candidate, Yale University)

In this article, Yamaguchi analyzes an early Tokugawa-period mining town: Innai Ginzan, which was located in the southernmost part of Akita Domain. In the first half of the article (section one) he considers the composition of the resident population, while in the second half (section two) he explicates the nature of the commodity networks that formed around Innai Ginzan.

Yamaguchi's main source for the article is the *Diary of Umezu Masakage*, which he references repeatedly throughout. To begin, he considers the various residents mentioned in the early volumes of the diary, which cover the years 1612 to 1614 (Keichō 17 to 19). He focuses on where they were from and how they fit into the town's various occupational groups and social classes. People came to the mine from all over the country, he shows, and, in examining the nature of the society that formed as a result, Yamaguchi identifies and describes four main classes of residents: the mine bosses (*yamashi*) and property owners (*chōnin*); skilled mine workers and tradespeople (*tokoya, kanako, daiku*, etc.); unskilled workers, such as the *horiko* diggers; and farmers from surrounding villages who came to the town to pursue various forms of by-employment. At the foundation of the town's social order, he notes a trend towards greater assertion of independence by the various kinds of specialized mine workers who labored under the control of the mine bosses. The mining town that was created by these people was a by-product of the division of labor that was unfolding on a national scale at the time. It was a place that attracted both merchant capital and skilled workers and, in an economically backward domain such as Akita, Yamaguchi argues that it came to hold a position at the very forefront of economic activity, alongside the castle town of Kubota.

In considering the various factors that helped constitute Innai Ginzan, an urban society comparable in scale to Kubota, Yamaguchi proceeds to examine the flow of goods and commodities in and out of the town. He shows how these flows linked the town to its immediate surroundings, to other parts of Akita domain, and beyond that to other domains and the Kamigata region. He also considers the contradiction between the domain's general policy of allowing free, unregulated commerce within the mining town (*sōyamajyū baibai jiyū*) and its efforts to grant particular *chō* neighborhoods control over specific goods through the policy of "neighborhood designation" (*chō sadame*). Yamaguchi likewise discusses the monopolies the domain established for rice and lead. Noting that these placed a heavy burden on merchants and shopkeepers in Innai

Ginzan, depriving them of a great deal of profit, Yamaguchi draws our attention to the way they served to stifle the growth and development of independent proprietors in mining, trades, and commerce.

Overall, Yamaguchi emphasizes that, for Akita domain, Innai Ginzan came to serve as an "internal Kamigata" in two distinct ways: first, as a center for the development of commerce and skilled labor, and second, as a market for the exchange of goods, and particularly for the sale of tax rice.

Finally, it should be noted that Yamaguchi also makes several important points in the footnotes to this essay (in particular, notes 17 and 44 in section 1; and note 10 in section 2). These concern the nature of the skills and property of early modern craftspeople (*shokunin*), the role of the day laborer class in early Tokugawa society, and the regulation of itinerant peddlers (*furi-uri*). Yamaguchi's insights on all of these issues were to have a significant influence on subsequent research in the field of early modern history.

Summary of "Domain Finances and the Establishment of Akita Domain"

Morishita Toru
Trans. Michael Thornton (Post-doctoral Fellow, Yale University)

When it came time to choose between Tokugawa Ieyasu and his rivals at the Battle of Sekigahara, the Satake, an old daimyo clan originally from Hitachi Province, decided to wait on the sidelines. After the battle, this reticence led Tokugawa Ieyasu to order a major reduction and relocation of the Satake's territory. Their new lands, far to the north, became known as Akita Domain.

Akita was an area in which the removal of warriors from the land (*heinō bunri*) lagged behind the rest of Japan, and so when the Satake arrived, many retainers of the previous lord were still scattered across the domain as local strongmen (*dogō*). In this article, Yamaguchi uses an analysis of the domain's finances to consider how the Satake established control over this region. It is considered a seminal study for what it shows about the overall nature of domain finances, as well as the period in which the foundations of the early-modern domain were first laid. The article's success rests upon the many references to domain finances in the *diary of Umezu Masakage*, which serves as its primary source base.

The largest drain on the domain's finances came from the burdensome military du-

ties imposed by the shogunate. These duties included not only the mobilization of men for battle, but also construction projects and alternate attendance (*sankin kōtai*), and even the supply of lumber. All of this created an enormous financial burden. As an 'occupying army', moreover, in order to secure control over their territory the Satake had to build a network of secondary forts (*shijō*), as well as a castle town headquarters. They also had to invest substantially in infrastructure projects so as to boost Akita's low productivity levels.

As with the military duties imposed by the shogunate, the domain's ability to undertake these projects ultimately depended on the military service and corvée labor performed by Satake retainers and subjects. The domain had to purchase guns and other weapons from the technologically superior Kamigata region, but while this weakened the Satake's position vis-à-vis the shogunate, it also made it possible for them to assert absolute authority over their own retainer band.

Fundamentally, it was the exploitation of peasants and the forcible expropriation of the fruits of their labor that made it possible for the domain to carry these enormous financial burdens. Particularly in relation to military duties, the imposition of corvée labor was an effective form of exploitation. From the perspective of converting tax rice to cash, Akita benefitted from its connections to the markets of the Kamigata region via shipping routes along the Sea of Japan coast. Yet at a time when Ōsaka's central rice market had yet to be established, there were limits to how much tax rice the domain could sell in Kamigata. As a result, much of the tax rice had to be sent to areas of high demand within the domain, where it was consumed as food by people working in the mines or in the lumber industry. In this way, Yamaguchi shows that the domain needed its own internal Kamigata region in order to dispose of the tax rice effectively. Satake retainers, for their part, also needed to be able to convert the tax rice they collected from their sub-fiefs (*chigyōchi*) into cash, and as a result they sometimes sold rice in the castle town or at the forts where they were stationed—a practice that at times put them in competition with the domain's efforts to sell tax rice.

To further complicate matters, from the beginning, the amount of land under the domain's direct control was insufficient for its needs, and its holdings also suffered from low agricultural productivity. As a result, the domain could not rely exclusively on revenue from tax rice. Instead, in addition to the corvée labor system, the domain's finances came to depend heavily on revenue derived from commercial activity, such as fees on mining and the sale of lumber. All of this was characteristic of a period in which the national rice market had not yet developed, and increases in productivity through the construction of paddies for wet rice cultivation had yet to be achieved.

索　引

● あ

● か

● や

● ら・わ

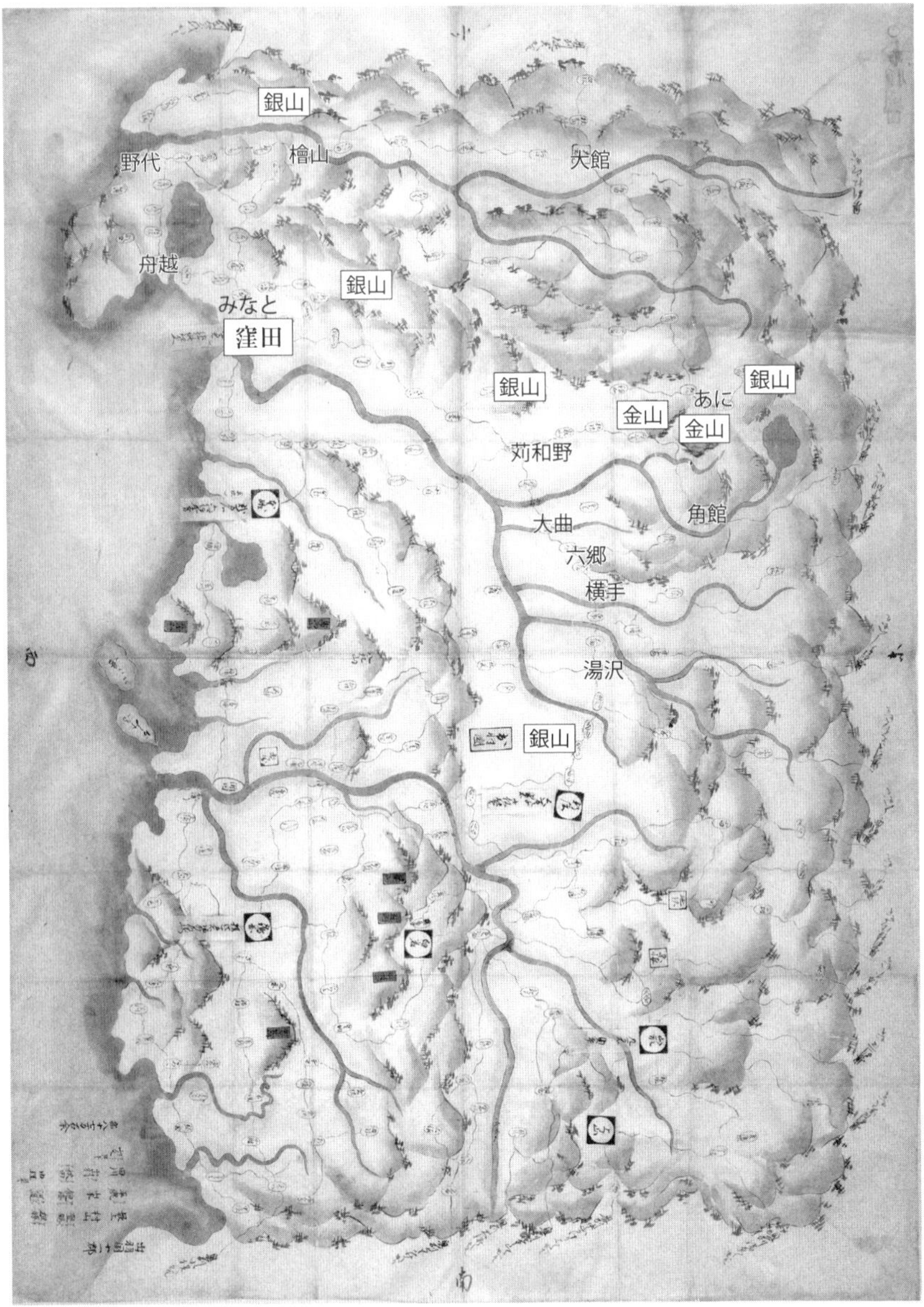

「出羽国絵図」（岡山大学附属図書館蔵，池田家文庫）　1633（寛永10）年に巡見使に提出された国絵図の写と考えられている。北半部が秋田藩領にあたり，窪田のところに「弐拾万石　佐竹修理太夫」の付箋がある。なお原図では文字は西から東を見た方向に書かれている。

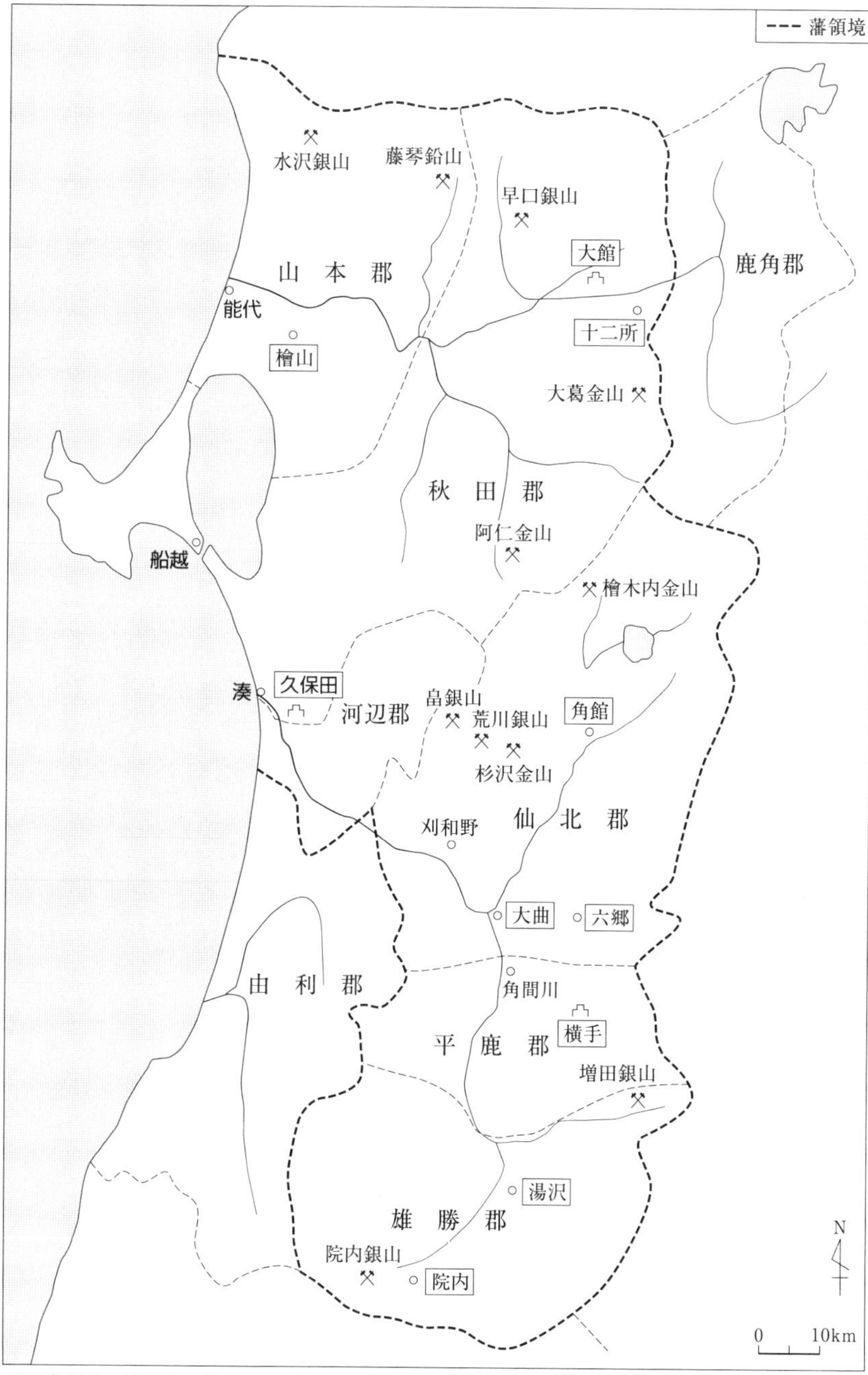

秋田藩領内の関係絵図（『著作集』②267頁・『秋田県史』 2 巻 近世編上，209頁をもとに作成）

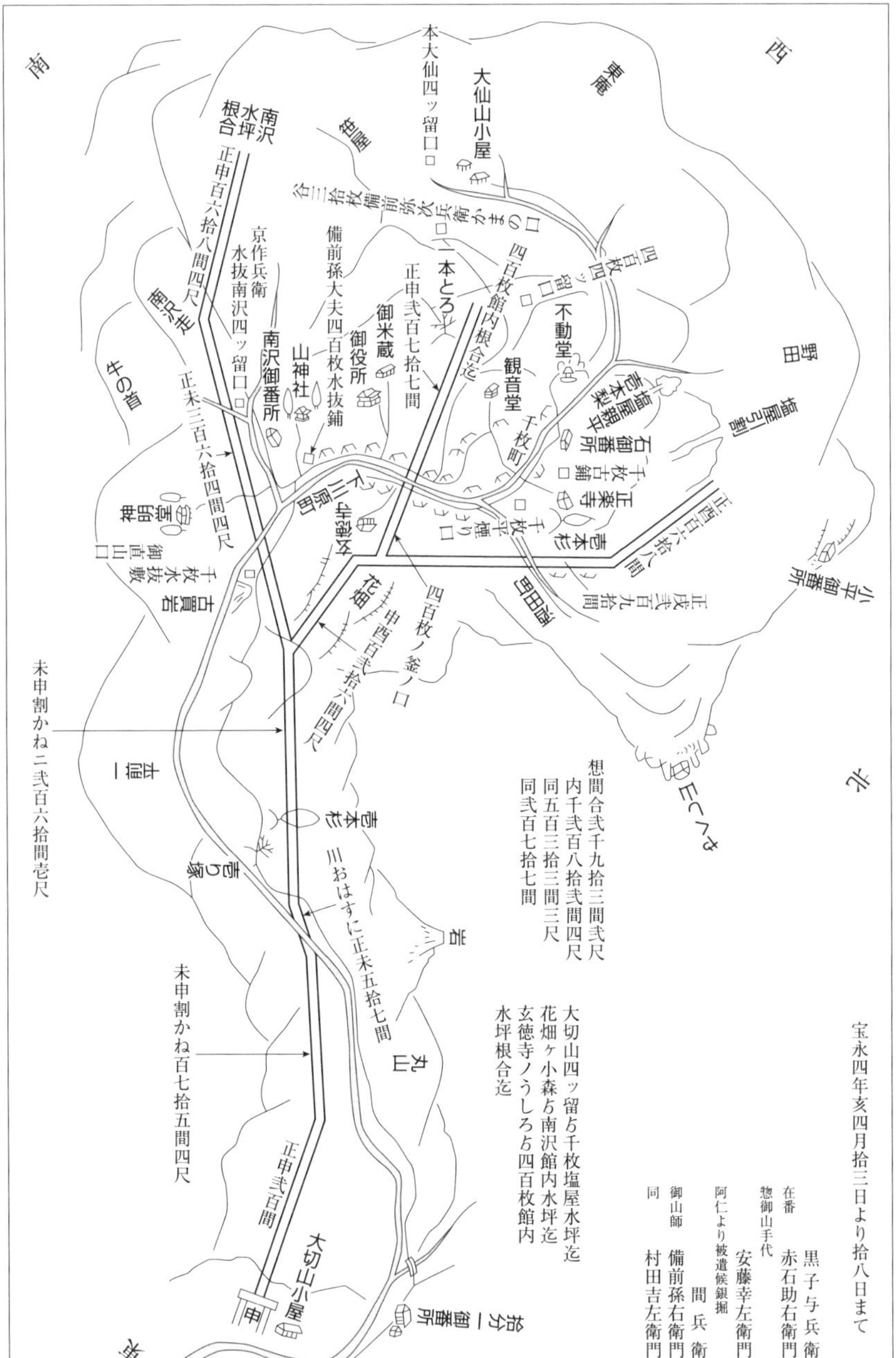

「羽州雄勝郡院内銀山惣絵図」(1707〈宝永 4 〉年。原図は国文学研究資料館蔵，カバー写真参照。)

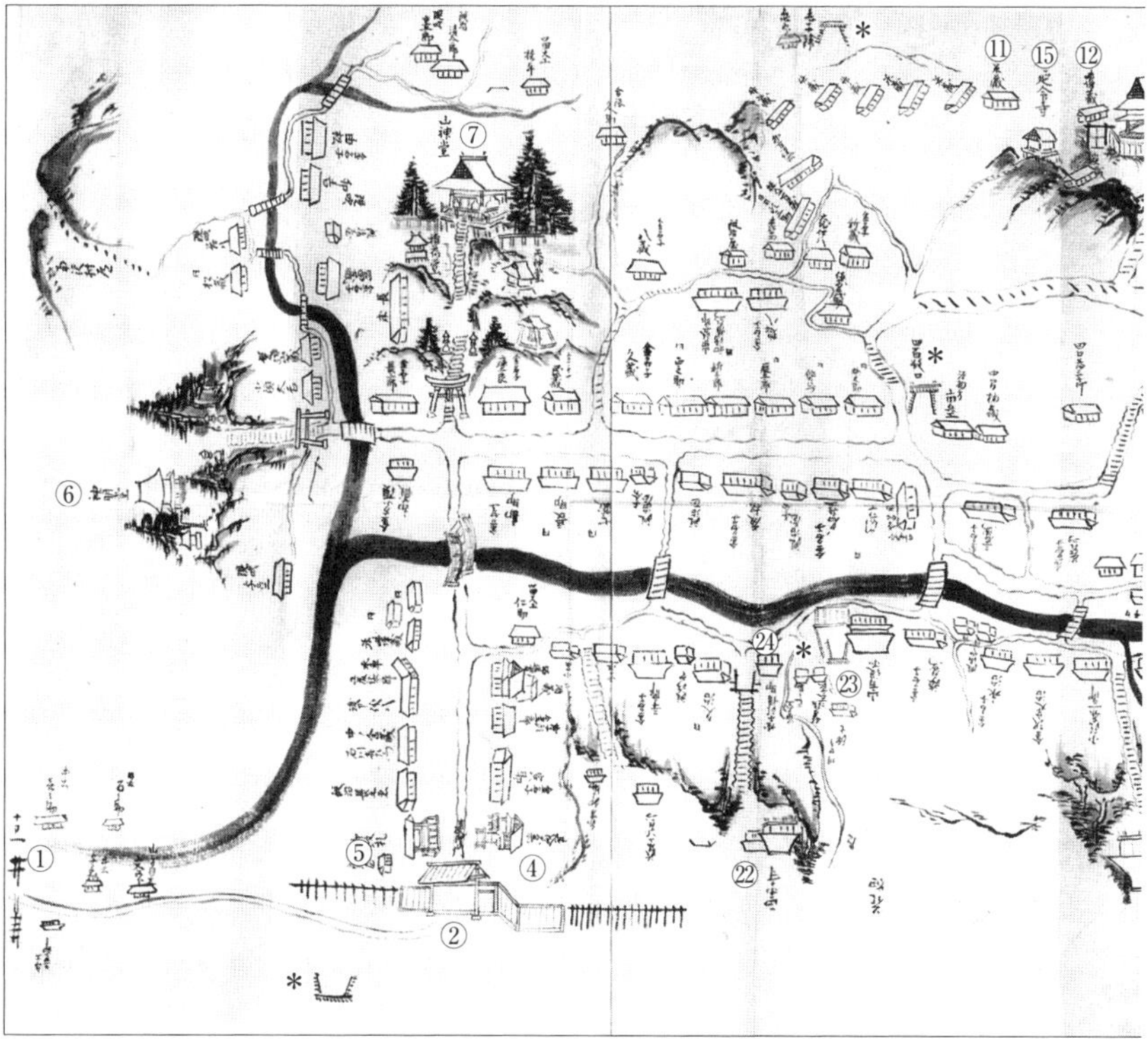

「院内銀山町絵図」(原図は国文学研究資料館蔵。『近世庶民生活史料　未刊日記集成第二巻　門屋養安日記・下』(茶谷十六編，三一書房，1997年)口絵より転載。また[荻 1996]補論5の絵図解説，および[同 2012]を参照した。)

天保から弘化期の作成と推定される院内銀山中心部を描く。作図の企図は未詳である。画面左下(南東方向)の十分一役所①によって外部と区切られ閉鎖された空間が山内である。十分一から銀山川沿いを行くと，表門②に出る。山内はこの表門と右下(北東方向)に見える裏門③によって囲われ，ここが銀山町の中心部分となる。表門の内側には番所④と制札場⑤があり，そこから西側へ川を越え，左に神明堂⑥を見ながら直進すると山神堂(金山神社)⑦にいたる。その手前の鳥居を右方向(北)に向かうと，そこは町並である。町並は川の東側にも見える。この一帯には，藩の下で銀山経営を請け負う有力商人をはじめ，銀山の仕事と暮しを支える多様な小経営や労働者たちが密集し，秋田藩内でも有数の都市として発達した。

画面中央上部の高台上に見えるのが，銀山支配の中枢，御台所⑧(支配役所)である。その一帯には，金方役所⑨や文庫蔵⑩のほか，米蔵⑪・味噌蔵⑫・炭蔵⑬，さらには上下の床屋⑭などが付属している。寺社は山内全体を囲むように点在する。山神堂に続き，延命寺⑮・直稲荷堂⑯，観音堂⑰，不動滝⑱，その脇の不動堂⑲，手前(東側)には薬師堂⑳・西光寺㉑・正楽寺㉒などが描かれる。また，いくつかの間歩(坑道)入口＊が見えることも注目される。このうち，西光寺手前，山方役所㉓の横にあるのが五番坑㉔(後の「御幸坑」)である。

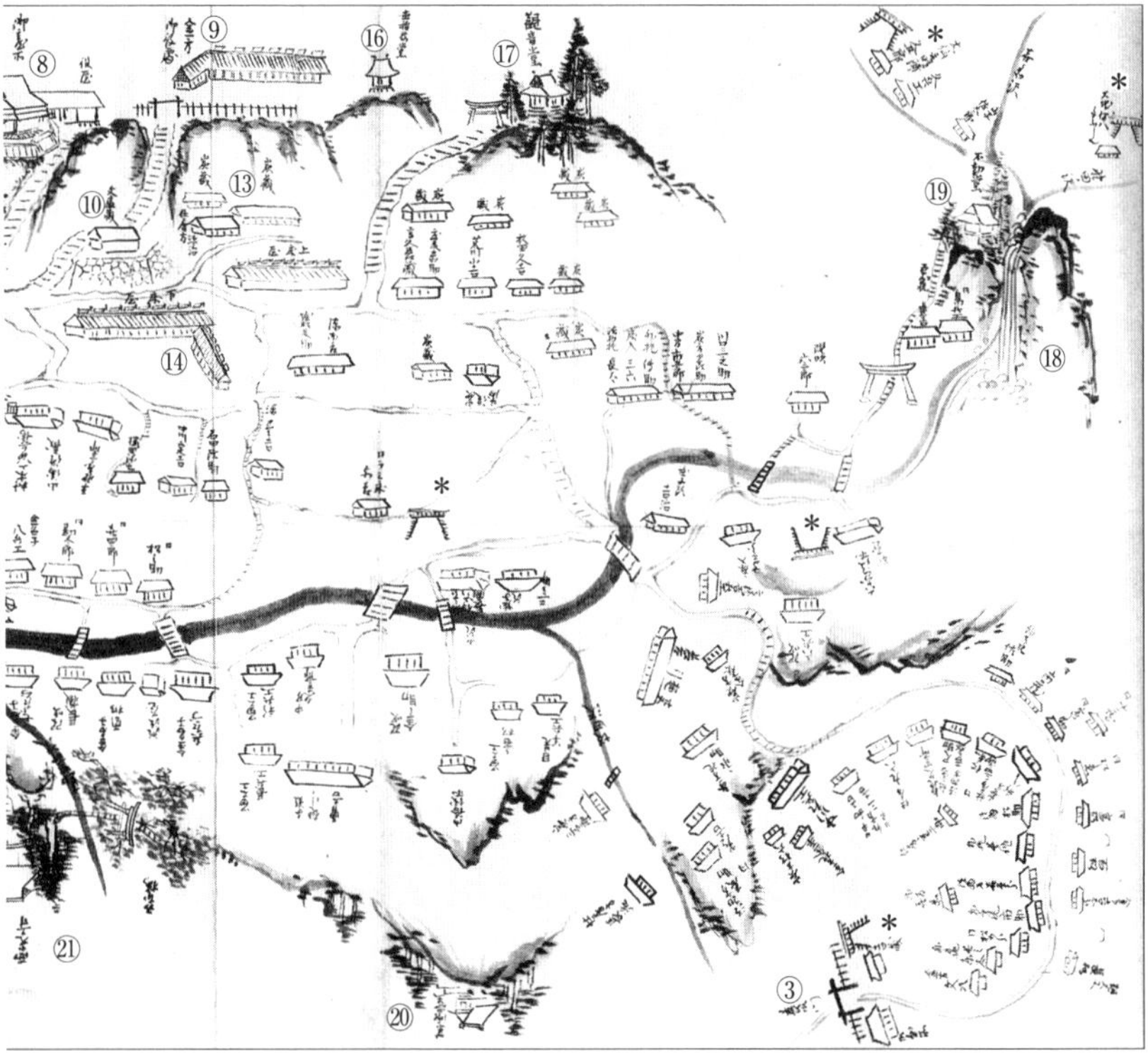

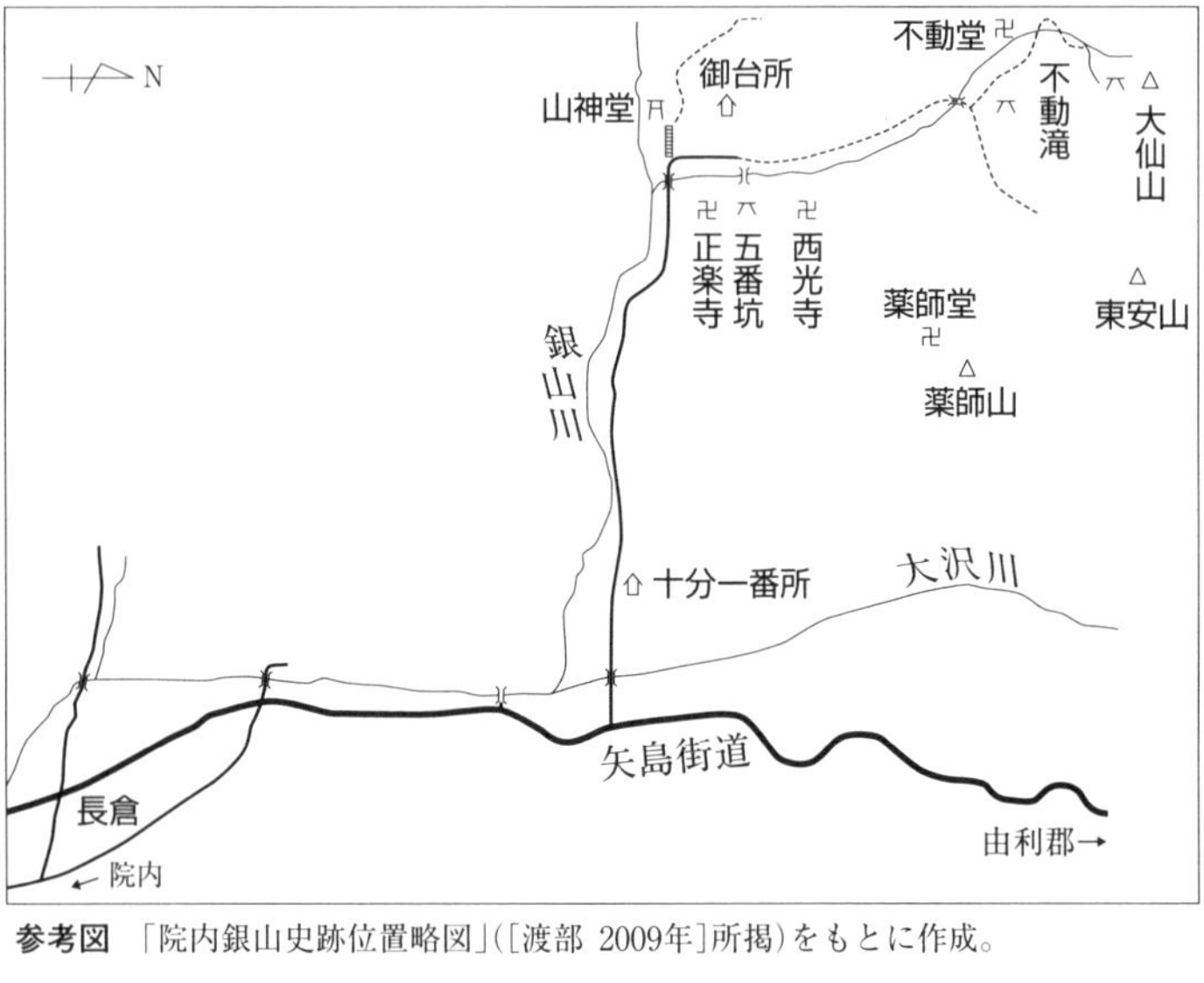

参考図　「院内銀山史跡位置略図」([渡部 2009年]所掲)をもとに作成。

山口啓二主要著作解題

『幕藩制成立史の研究』校倉書房，1974年12月

山口啓二の最初の論文集である。ここには「梅津政景日記」編纂にともなう調査研究を基礎とする諸研究成果がまとめられ，戦後四半世紀におよぶ山口による研究活動の到達点が，幕藩制社会論として描かれる。本書によって，幕藩制社会の全体像が包括的に示され，その多面的で豊かな内容は大きな影響を与え続けている。

『鎖国と開国』(日本歴史叢書)岩波書店，1993年(2006年，岩波現代文庫に収録)

山口による唯一の書き下ろし単著。市民向けの講座「岩波セミナー」での講義録を基礎に叙述されている。わかりやすい平易な文体にもかかわらず，内容は高度であり，世界史(地球的世界)とのつながり，武家政権の特質，小経営を基礎とする社会の基礎構造と変容，思想や文化の動き，開国から近代へなど，多様な角度から描写する。日本近世社会を描いた全体史の傑作であり，戦後歴史学が生み出した不朽の名著の一つである。なお，韓国語版(2001年)，中国語版(2004年)も刊行されている。

『山口啓二著作集』第1巻「近世史研究への旅立ち」校倉書房，2009年5月

本巻には，山口の戦中から戦後直後にかけての仕事が収められている。前半では，1944年7月，東京大学に提出された卒業論文「松平定信と海防」の全文が収録され，200頁以上におよぶ。また後半は，「農村調査と近世史研究」と題して，農村調査連絡会前後の揺籃期の史料調査活動や地域史研究の貴重な成果がまとめられている。

『山口啓二著作集』第2巻「幕藩制社会の成立」校倉書房，2008年11月

1950年代半ばから1970年代はじめにかけての論文を中心に編集されている。内容は，「豊臣政権論」「藩体制の成立」「鉱山町と技術の社会史」「評伝・梅津政景」の4つの部で構成される。『幕藩制成立史の研究』に収録される論文を含め，「幕藩制社会の成立」という枠で新たに再編集されたものである。本書Ⅰ部の二論文を出発点とし，幕藩制社会をめぐる多様な論点が各論考で提起されている。

『山口啓二著作集』第3巻「幕藩制社会の構造」校倉書房，2009年2月

第2巻に続く時期，1970年代から1980年代にかけての論文などをまとめたもの。広い読者層を対象にした通史叙述「幕藩制社会」や，国内の動向とも絡めて位置付けた「日本の鎖国」が収録される。また永原慶二との「対談　日本封建制と天皇」をはじめ，「国郡制の枠組み」論として近世国家史研究に大きな影響をあたえた論考も収められている。

『山口啓二著作集』第4巻「地域からみる近世史―東松山の歴史から」校倉書房，2008年12月

山口は1971年から十数年間，埼玉県東松山市史の編纂に携わっていた。講演録「自治体史編纂の課題」と同市史での山口執筆部分からなる。史料2万点すべてに目をとおしたという執筆部分では，地域からの幕藩制国家論の構築という課題が意識されるとともに，旗本知行論，家と村を基盤とする近世社会のありよう，身分的周縁への注目など近世社会を理解するための豊富な論点が内包されている。

『山口啓二著作集』第５巻「時代に向き合って生きる」校倉書房，2009年10月

退職後の山口を囲んで始まった「山口ゼミ」において，幼少期からの聞き取りを継続して実施した。その記録をまとめた「聞き書き――山口啓二の人と学問」，およびときどきの講演や回顧録，書評などを収めている。とくに前者には，時代と正面から向き合い，自らの歴史学を鍛えていった一人の歴史家の姿を見て取ることができる。巻末には，著作目録および年譜も掲載している。

本書に引用された山口啓二の著作・編纂物

＊『著作集』①～⑤は『山口啓二著作集』巻数，『成立史の研究』は『幕藩制成立期の研究』の略記。

論文

「松平定信と海防」東京帝国大学文学部卒業論文，1944年，『著作集』①に収録

「秋田藩成立期の藩財政」『社会経済史学』24巻２号，1958年（『成立史の研究』，および『著作集』②に収録）

「近世初期秋田藩における鉱山町――院内銀山を中心に」伊藤多三郎編『国民生活史研究』２巻，吉川弘文館，1959年（『成立史の研究』，および『著作集』②に収録）

「梅津政景――秋田藩の建設者」北島正元編『日本人物史大系』３巻，朝倉書店，1959年（『成立史の研究』，および『著作集』②に収録，副題を「秋田藩の建設を担う」と改題）

「秋田藩初期の金銀山――院内銀山を中心に」『日本産業史大系』３巻，東京大学出版会，1960年（『成立史の研究』，および『著作集』②に収録）

「近世における用水開鑿と鉱山技術――秋田県二ツ井町岩堰用水の場合」『水利科学』４巻２号，1960年（三浦一郎氏との共著）（『成立史の研究』，および『著作集』②に収録）

「幕藩制の構造的特質について」『歴史評論』146号，1962年（『成立史の研究』，および『著作集』②に収録）

「藩体制の成立」『岩波講座日本歴史』10巻，岩波書店，1963年（『成立史の研究』，および『著作集』②に収録）

「豊臣政権の成立と領主経済の構造」『日本経済史大系』３巻，東京大学出版会，1965年（『成立史の研究』，および『著作集』②に収録）

「解題」『大日本古記録　梅津政景日記』９巻，岩波書店，1966年（『著作集』②に収録）

「幕藩体制社会とはどういう社会か」『現代歴史学の課題：新しい歴史科学を学ぶために』上，青木書店，1971年（『成立史の研究』，および『著作集』②に収録）

編集・編纂物

東京大学史料編纂所編『大日本古記録　梅津政景日記』１～９巻，岩波書店，1953～66年

永原慶二・山口啓二ほか編『講座・日本技術の社会史』１～８巻，別巻１・２巻，日本評論社，1983～86年

参考文献

Ⅰ部

『相川町誌』相川町役場，1927年

『秋田沿革史大成』上・下巻，1896・1898年

『秋田市史』上，秋田市役所，1949年

『秋田叢書』1・11巻，秋田叢書刊行会，1928・1934年

『大津市志』中巻，大津市私立教育会，1911年

『新編北羽発達史』上，秋田県教育会，1908年

『敦賀郡誌』福井県敦賀郡役所，1915年

『横手郷土史』横手郷土史編纂会(横手町)，1933年

「鉱山至宝要録」三枝博音編『日本科学古典全書』10巻，朝日新聞社，1944年

伊東多三郎「水戸藩の成立」『歴史学研究』8巻6号，1938年

鎌田永吉「知行制度と村落制度——秋田藩藩制確立過程の一考察」『社会経済史学』24巻2号，1958年

小葉田淳「阿仁金山の研究」『史潮』43号，1950年

同　　「近世銀山の領有機構」『史林』34巻4号，1951年

同　　「近世銀山の生産の形態と組織——院内銀山の研究(Ⅱ)」『史林』36巻1号，1953年

同　　「銀生産の動向(一)——院内銀山の研究(Ⅲ)」『史林』37巻4号，1954年

同　　「銀生産の動向，銀山町の構成——院内銀山の研究(Ⅳ)」『史林』38巻5号，1955年

*以上5点，同『日本鉱山史の研究』岩波書店，1968年に収録。

同　　『鉱山の歴史』日本歴史新書，至文堂，1956年

永原慶二・長倉保「後進自給的農業地帯における村方地主制の展開」『史学雑誌』64巻1・2号，1955年

半田市太郎「藩政時代の土地制度」『秋田県農地改革史』第1篇，秋田県農地改革史編纂委員会，1953年

麓三郎『佐渡金銀山史話』三菱金属鉱業，1956年

古島敏雄『江戸時代の商品流通と交通』御茶の水書房，1951年

古田良一・大島正隆「秋田家文書による文禄・慶長初期北国海運の研究」『社会経済史学』11巻3・4号，1941年(大島正隆『東北中世史の旅立ち』そしえて，1987年に収録)

村井益男「城下職人町に関する一考察」伊東多三郎編『国民生活史研究』2生活と社会経済篇，吉川弘文館，1959年

Ⅱ・Ⅲ部(Ⅰ部で掲載したものは省略)

『秋田県史』資料 近世編上，秋田県，1963年

『秋田県史』2巻 近世編上，秋田県，1964年

朝尾直弘「幕藩権力分析の基礎的視角」『歴史評論』146，1962年(『朝尾直弘著作集』4巻，

岩波書店，2004年ｂに収録）
同　　　「（書評）佐々木潤之介著『幕藩権力の基礎構造』」『史学雑誌』74巻11号，1965年（『朝尾直弘著作集』４巻，岩波書店，2004年ｂに収録）
同　　　「『公儀』と幕藩領主制」『講座日本歴史』５ 近世 1，東京大学出版会，1985年（同『将軍権力の創出』岩波書店，1994年，および『朝尾直弘著作集』３巻，岩波書店，2004年ａに収録）
稲葉継陽『日本近世社会形成史論』校倉書房，2009年
岡山藩研究会編『藩世界の意識と関係』岩田書院，2000年
おがちふるさと学校院内地域づくり協議会編『歴史を刻む「銀山と関所」の町院内』過疎集落等自立再生対策事業実行委員会，2015年
荻慎一郎『近世鉱山社会史の研究』思文閣出版，1996年
同　　　『近世鉱山をささえた人びと』日本史リブレット89，山川出版社，2012年
小野将「山口史学の現在　人物評価――歴史的個性の問題」『歴史評論（特集 近世史研究の原点――山口啓二の人と学問）』704，2008年
小野均（晃嗣）『近世城下町の研究』至文堂，1928年
金井圓「共通論題『藩政確立期の諸問題』をとりあげるに当つて」『社会経済史学』24巻２号，1958年
鎌田永吉「藩政の成立と地方知行――秋田藩初期の問題を中心に」『秋田近代史研究』６号，1959年（同『幕藩体制と維新変革』鎌田永吉遺稿集刊行会，1977年に収録）
今野真「秋田藩政の展開と地方知行」『歴史』50（東北史学会），1977年
同　　「初期秋田藩の検地と知行制」『日本史研究』188号，1978年
同　　「藩体制と知行制度――秋田藩を事例として」『歴史学研究別冊（1979年度歴史学研究会大会報告）』，1979年
齊藤紘子『畿内譜代藩の陣屋と地域社会』清文堂出版，2018年
佐々木潤之介「藩制成立史研究の課題」『歴史学研究』231号，1959年
同　　　　　「幕藩制第一段階の諸画期について」『歴史学研究』260号，1961年
鈴木満「秋田藩の藩庁伝来文書と文書管理制度の展開」佐藤孝之・三村昌司編『近世・近現代文書の保存・管理の歴史』勉誠出版，2019年
高木昭作「近世日本における身分と役――峯岸賢太郎氏の批判に答える」『歴史評論』446号，1980年（「近世の身分と兵農分離」に改題して，同『日本近世国家史の研究』岩波書店，1990年に収録）
同　　　「『公儀』権力の確立」『講座日本近世史』１巻 幕藩制国家の成立，有斐閣，1981年（同『日本近世国家史の研究』岩波書店，1990年に収録）
同　　　「所謂『身分法令』と『一季居』禁令」『日本近世史論叢』上巻，吉川弘文館，1984年ａ（同『日本近世国家史の研究』岩波書店，1990年に収録）
同　　　「『秀吉の平和』と武士の変質――中世的自律性の解体過程」『思想』721号，1984年ｂ（同『日本近世国家史の研究』岩波書店，1990年に収録）
高野信治「『藩』研究のビジョンをめぐって」『歴史評論』676号，2006年
田中誠二「解説　萩藩の検地と年貢」『山口県史』史料編 近世３，山口県，2001年

同　　　『萩藩財政史の研究』塙書房，2013年
塚田孝「近世の身分制支配と身分」『講座日本歴史』５ 近世１，東京大学出版会，1985年（同『近世日本身分制の研究』兵庫部落問題研究所，1987年に収録）
同　　「身分制の構造」『岩波講座日本通史』12巻 近世２，1994年（同『近世身分制と周縁社会』東京大学出版会，1997年に収録）
豊田武『日本の封建都市』岩波全書160，岩波書店，1952年
羽仁五郎『明治維新史研究』岩波書店，1956年
原直史「全国市場の展開」『岩波講座日本歴史』12巻 近世３，岩波書店，2014年
原田伴彦『日本封建都市研究』東京大学出版会，1957年
牧原成征「日本の『近世化』を考える」清水光明編『「近世化」論と日本』勉誠出版，2015年
同　　　「近世社会経済史のとらえ方」高埜利彦編『日本近世史研究と歴史教育』山川出版社，2018年
松本四郎「幕末・維新期における都市の構造」『三井文庫論叢』４，1970年ａ
同　　　「幕末・維新期における都市と階級闘争」『歴史学研究別冊（1970年度歴史学研究会大会報告）』1970年ｂ
同　　　『日本近世都市論』東京大学出版会，1983年
マルクス，カール著，手島正毅訳『資本主義的生産に先行する諸形態』国民文庫，大月書店，1963年
吉田伸之「公儀と町人身分」『歴史学研究別冊（1980年度歴史学研究会大会報告）』，1980年（同『近世都市社会の身分構造』東京大学出版会，1998年に収録）
同　　　「日本近世都市下層社会の存立構造」『歴史学研究』増刊534，1984年（同『近世都市社会の身分構造』東京大学出版会，1998年に収録）
同　　　「振売」高橋康夫・吉田伸之編『日本都市史入門Ⅲ　人』東京大学出版会，1990年（同『巨大城下町江戸の分節構造』山川出版社，2000年に収録）
同　　　「所有と身分的周縁」久留島浩[ほか]編『シリーズ 近世の身分的周縁６ 身分を問い直す』吉川弘文館，2000年（同『身分的周縁と社会＝文化構造』部落問題研究所，2003年に収録）
同　　　「編集に参加して」塚田孝・吉田伸之編『近世大坂の都市空間と社会構造』山川出版社，2001年
同　　　「解説－幕藩制社会成立史論に学ぶ」『山口啓二著作集』２巻，校倉書房，2008年
同　　　「幕末期，江戸の周縁と民衆世界」『歴史評論』758，2013年
吉永昭『近世の専売制度』日本歴史叢書32，吉川弘文館，1973年

巻末図版

〔荻2012〕
渡部和男『院内銀山史』無明舎出版，2009年